Gastronomie du monde entier

LE MONDE COMPLET DE L'ART CULINAIRE

EDITIONS CHRISTOPHE COLOMB

Principaux collaborateurs

Principaux collaborateurs
Auteur:
Corri H. van Donselaar
Traduction:
Else Vanherteryck
Production française:
André Winandy
Lydie Dergent
Michèle Descy
Bernard Lahure
Jacques Schillings
Copyright:
©MCMLXXVI Edipem, Novara, Italie
©MCMLXXXII Éditions Christophe Colomb, Glarus
Illustrations complémentaires empruntées à Fabbri Editori ©, Milan
Imprimé et relié en Espagne par Altamira S.A., Industria Gráfica, Madrid, novembre 1982
Dépôt légal: 1982.11
ISBN 2-88097-047-4

La cuisine de grand-mère

Table des matières

La cuisine de grand-mère

Qui pense gastronomie associe souvent ce mot aux grands restaurants, aux cuisiniers prestigieux, aux banquets de fête,... Pourtant, le savoir-cuisiner repose sur une base plus modeste, faite de mille et une expériences personnelles, de petites traditions qui se transmettent de bouche à oreille, de génération en génération: en un mot, c'est ce que l'on pourrait qualifier de cuisine de grand-mère, la cuisine du bon vieux temps.

Au cours des siècles, de nombreuses recettes locales nous sont ainsi parvenues, transmises par nos aïeules qui s'efforçaient de les raffiner, de les améliorer, qui avaient chacune leur petit secret pour faire d'un plat quelconque un chef-d'œuvre de la gastronomie. Ainsi, à partir de quelques ingrédients très communs, sont nés des plats qui ont contribué à faire la réputation de la cuisine de tel ou tel pays et font maintenant partie intégrante de la culture locale.

La cuisine de grand-mère se basait essentiellement sur les aliments dits nobles: lait, beurre, fromage et œufs, viande et poisson, légumes et pommes de terre, qui formaient presque exclusivement la base de l'alimentation de nos aïeux. Ce n'est en effet que depuis quelques années que s'est généralisée l'utilisation d'aliments exotiques; dans le passé, on se limitait souvent aux aliments locaux, ceux qu'on pouvait cultiver soi-même dans un petit jardin, ou les produits qu'on recueillait du petit élevage de subsistance.

Dans cet ouvrage, vous trouverez une multitude de recettes soigneusement sélectionnées et traitant tous les aspects d'un repas: entrées, potages, viandes et poissons, gibier et volaille, desserts et pâtisseries,... Vous trouverez le plat adapté en toutes circonstances. Vous découvrirez des recettes délicieuses qui feront la joie de votre famille ou de vos invités. Et vous apprendrez les petits trucs qui vous permettront de réussir des plats compliqués en toute facilité. Grâce à la description claire des ingrédients à utiliser et à la méthode progressive et explicative, vous deviendrez bientôt vous aussi une cuisinière dont la réputation ne sera plus à faire.

Les entrées

Bouchées aux ris de veau
Ragoût de poulet en coquilles
Toasts au gouda
Boulettes salées
Boulettes au fromage
Zèbres au fromage
Truffes au fromage
Salade au fromage
Salade de hareng
Salade de crevettes
Salade russe
Salade de pommes de terre
Salade de crevettes à l'ancienne
Salade de chou-fleur aux œufs

Bouchées aux ris de veau

Préparation: 1 heure
Temps de repos: 1 heure 20
Cuisson au four: 15 à 20 minutes

2 jaunes d'œufs
300 à 400 g de ris de veau
quelques branches de persil
1 carotte émincée
1 petit oignon grossièrement haché
4 grains de poivre écrasés
40 g de beurre
1 cuillerée à soupe d'oignon finement haché
35 g de farine

Ingrédients pour 12 bouchées:
300 g de farine fine
300 g de beurre crème dur
½ cuillerée à soupe de sel
10 cuillerées à soupe d'eau froide

Bouchées aux ris de veau
Les bouchées aux ris de veau se servent comme entrée chaude, mais peuvent aussi être présentées comme amuse-gueule.

1 boîte de champignons en tranches (200 g)
⅛ l de crème fraîche
3 cuillerées à soupe de xérès ou de madère sec
poivre du moulin, sel
1 cuillerée à soupe de persil finement haché

Préparation:

Préparez la pâte feuilletée dans une pièce non chauffée et servez-vous d'une terrine froide. Versez-y la farine froide, en la tamisant, puis prélevez 5 cuillerées à soupe de cette farine pour fariner la planche à pâtisserie sur laquelle vous étendrez la pâte. Ajoutez le beurre dans la terrine et, à l'aide de 2 couteaux, découpez-le en dés. Ajoutez le sel et malaxez farine et beurre au couteau en y incorporant petit à petit la quantité d'eau nécessaire pour obtenir un mélange bien consistant. Saupoudrez la planche d'une mince couche de la farine que vous avez réservée. Posez ensuite la pâte homogène légèrement collante mais non poisseuse sur la planche et recouvrez-la d'une fine couche de farine.
Etendez la pâte au rouleau de façon à former un rectangle irrégulier; déplacez-la continuellement à l'aide d'une spatule vers une autre partie farinée de la planche.
Etendez la pâte au rouleau en un rectangle de ½ cm d'épaisseur en continuant à la déplacer. Ensuite, pliez la pâte en trois dans le sens de la longueur puis dans celui de la largeur. Abaissez ce pâton une fois de plus au rouleau en un rectangle de ⅓ cm d'épaisseur; puis repliez le rectangle ainsi obtenu de la même manière que précédemment. Recommencez cette opération encore une fois, après quoi vous mettrez la préparation, couverte d'un linge, au réfrigérateur où elle reposera pendant 30 minutes. Ensuite, abaissez la pâte encore trois fois au rouleau et repliez-la chaque fois en trois dans les deux sens. Laissez de nouveau reposer au frais pendant 30 minutes. Reprenez la pâte pour la troisième fois; étendez-la de nouveau au rouleau, repliez-la de la même façon que précédemment. Recommencez cette opération deux fois encore, puis mettez la pâte au réfrigérateur, pendant 20 minutes.
Farinez ensuite la planche à pâtisserie et étendez la pâte au rouleau de façon à obtenir une longue bande étroite d'environ 15 cm de largeur et ⅓ cm d'épaisseur. Coupez cette bande en deux dans le sens de la longueur. A l'aide du pinceau, badigeonnez une des bandes d'eau et posez l'autre bande sur la première, sans étirer la pâte.
A l'aide d'un emporte-pièce cannelé, découpez 12 rondelles dans cette bande, puis, avec un emporte-pièce plus petit, enlevez le centre de chaque rond, de façon à obtenir des anneaux.

Humectez la plaque à pâtisserie d'un peu d'eau et préchauffez le four (210°C). Entassez soigneusement les restes de la pâte en vous servant de la spatule à crêpes; veillez à ne pas étirer la pâte. Etendez-la au rouleau et découpez dans la bande de pâte ainsi obtenue 12 rondelles à l'aide de l'emporte-pièce cannelé de 6 à 7 cm de diamètre. Avec un peu d'eau, collez un anneau de pâte sur chacune de ces rondelles.
Badigeonnez uniquement l'anneau supérieur de chaque bouchée au jaune d'œuf; n'en utilisez pas trop, sinon l'œuf risque de couler, ce qui empêcherait la pâte de lever ou déformerait les bouchées pendant la cuisson. Avec la spatule à crêpes, disposez les bouchées de pâte sur la plaque et enfournez celle-ci à mi-hauteur.
Faites cuire la pâte à point; contrôlez la cuisson au bout de 12 à 15 minutes. Pour ce faire, ouvrez la porte du four le moins possible et soulevez délicatement une des bouchées. Celles-ci doivent être légères au toucher et d'une belle couleur dorée. Sortez-les du four à l'aide d'une spatule à crêpes et servez-les, fourrées du ragoût, aussi chaudes que possible.
Préparez les ris de veau pendant que la pâte feuilletée repose au réfrigérateur. Faites dégorger les ris jusqu'au moment de la préparation dans une grande quantité d'eau froide. Ensuite, égouttez-les soigneusement et faites-les cuire pendant 3 minutes dans 1 ½ l d'eau à laquelle vous aurez ajouté 1 ½ cuillerée à soupe de sel. Jetez l'eau et rincez les ris à l'eau tiède.
Portez à ébullition 1 l d'eau avec 1 cuillerée à soupe de sel, le persil, la carotte, l'oignon grossièrement haché et les grains de poivre. Mettez les ris dans la casserole et laissez frémir l'eau pendant 10 à 12 minutes. Quand les ris sont à point, retirez-les de la casserole et rincez-les immédiatement et abondamment à l'eau froide. Versez le bouillon à travers le tamis dans le récipient gradué. Enlevez, avec un petit couteau pointu, les parties graisseuses et les filets sanguins des ris, et découpez-les en petits morceaux. Chauffez le beurre et mettez-y à rissoler l'oignon haché; ajoutez ensuite la farine.
Egouttez les champignons et mélangez le jus des champignons avec l'eau de cuisson. Délayez ce mélange avec le bouillon des ris jusqu'à obtenir 3 dl. Versez ce liquide petit à petit en remuant constamment dans le mélange beurre, oignon et farine, afin d'obtenir une sauce épaisse et lisse. Toujours en remuant, ajoutez le jaune d'œuf et le xérès (ou le madère), salez et poivrez selon le goût, et mettez-y les morceaux des ris de veau avec le persil. Réchauffez la sauce, rectifiez l'assaisonnement si nécessaire et remplissez les bouchées très chaudes de ce ragoût.

Bouchées

Nos grand-mères ne pouvaient pas, comme nous le faisons aujourd'hui, se rendre chez l'épicier ou au supermarché pour y acheter des bouchées toutes prêtes. A la rigueur, et encore fallait-il habiter en ville, on pouvait les obtenir sur commande chez l'un ou l'autre pâtissier.
Les bouchées peuvent être servies comme entrée ou accompagner un repas froid. On peut les fourrer au gré de sa fantaisie de ragoût de jambon, de champignons, de poulet, etc.

Ragoût de poulet en coquilles
Cette entrée chaude sera servie après le potage ou encore présentée lors d'un repas froid.

Ragoût de poulet en coquilles

Préparation: 45 à 50 minutes
Cuisson au four: 10 à 15 minutes

Ingrédients pour 4 personnes:
200 g de blancs de poulet
2 ½ dl de bouillon
⅛ l de crème fraîche
quelques branches de persil
1 carotte émincée
1 petit oignon grossièrement haché
4 grains de poivre écrasés
1 pincée de thym en poudre
300 g de pommes de terre épluchées
sel
2 ½ à 3 dl de lait chaud
1 œuf
80 g de beurre, 50 g de farine
noix de muscade râpée ou en poudre
2 ou 3 cuillerées à soupe de xérès sec
poivre du moulin
jus de citron

Préparation:
Lavez et séchez les blancs de poulet. Portez le bouillon à ébullition et mettez les filets dans la casserole. Quand le bouillon est en ébullition, versez la crème le long du bord dans la casserole et ajoutez-y le persil, la carotte, l'oignon, les grains de poivre et une petite pincée de thym. Laissez mijoter le tout pendant 20 minutes.
Entre-temps, coupez les pommes de terre en morceaux de grandeur égale et faites-les cuire à point dans une petite quantité d'eau salée. Egouttez les pommes de terre et passez-les au chinois fin ou réduisez-les en purée à l'aide du mixeur. Ajoutez-y, en fouettant énergiquement, le lait chaud en quantité suffisante pour obtenir une purée épaisse. Cassez l'œuf en séparant le jaune du blanc; montez celui-ci en neige en y incorporant quelques grains de sel. A l'aide d'une spatule, mélangez-y la purée avec une pincée de noix de muscade et 20 g de beurre.
Posez le chinois sur un récipient gradué et passez-y le contenu de la casserole avec les

blancs de poulet. Délayez le liquide contenu dans le récipient gradué avec de l'eau jusqu'à ce que vous ayez 4 dl. Coupez les blancs de poulet en petits dés. Faites fondre le reste du beurre dans une sauteuse et ajoutez-y la farine en remuant; laissez-la prendre quelque peu. A présent, et toujours en remuant, versez le liquide dans la casserole et laissez mijoter jusqu'à ce que vous obteniez une sauce épaisse et bien liée. Incorporez-y le jaune d'œuf en remuant.

Mélangez les dés de poulet à cette sauce et assaisonnez le ragoût en y ajoutant, selon le goût, le xérès, du poivre, du sel et quelques gouttes de jus de citron. Malaxez une dernière fois la purée de pommes de terre, goûtez-la et ajoutez un peu de noix de muscade, de poivre ou de sel. Beurrez les coquilles ou les ramequins et préchauffez le four (250°C). Remplissez la poche à douille de la purée et décorez-en les bords intérieurs des coquilles ou des ramequins. Disposez le ragoût au centre et placez les coquilles sur la plaque à pâtisserie. Enfournez celle-ci à mi-hauteur et retirez les coquilles du four lorsqu'elles sont bien dorées.

Toasts au gouda

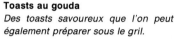

Toasts au gouda
Des toasts savoureux que l'on peut également préparer sous le gril.

Préparation: 20 à 25 minutes
Cuisson au four: 30 à 40 minutes

Ingrédients pour 4 à 8 personnes:
8 fines tranches de pain blanc de forme carrée
25 g de beurre fondu
25 g de beurre mou
8 minces tranches de gouda plus ou moins fait
2 cuillerées à café de graines de cumin
1 cuillerée à café de paprika doux en poudre
2 cuillerées à soupe de persil haché menu
quelques feuilles de laitue lavées et séchées

Principaux ustensiles de cuisine:
four (240°C), pinceau à beurre

Préparation:
Préchauffez le four. Beurrez légèrement les tranches de pain sur une de leurs faces avec le beurre fondu et disposez-les avec la face non beurrée sur la plaque à pâtisserie; enfournez celle-ci juste au-dessus du milieu du four.

Au bout de 15 à 20 minutes, retirez les tranches de pain légèrement grillées du four, sans toutefois l'éteindre.

Humectez la face non grillée des tartines avec un peu d'eau et disposez le pain, face humectée au-dessous, sur la plaque.

Ensuite, beurrez la face grillée au beurre mou et disposez sur chaque tranche de pain une tranche de fromage d'environ la même taille. Saupoudrez les toasts d'une pincée de cumin et mettez la plaque au four à la même hauteur que précédemment.

Au bout de 15 à 20 minutes, le fromage s'étant plus ou moins liquéfié, retirez les toasts du four, saupoudrez-les de la poudre de paprika et du persil haché, et servez-les brûlants sur un plat garni de quelques feuilles de laitue.

Boulettes salées

Préparation: 15 à 20 minutes
Cuisson au four: 10 à 15 minutes

Ingrédients pour 4 à 6 personnes:
1 œuf, 150 g de farine, 100 g de beurre
½ à ¾ de cuillerée à café de sel
¼ de cuillerée à café de sel de céleri
1 ½ cuillerée à café de levure en poudre

Préparation:
Cassez l'œuf et séparez le jaune du blanc. Versez le blanc avec la farine, le sel, le sel de céleri et la levure en poudre dans une terrine. Ajoutez-y 90 g de beurre coupé en tout petits cubes et travaillez le tout jusqu'à obtention d'une pâte élastique. Avec le beurre restant, beurrez légèrement la plaque à pâtisserie. Préchauffez le four. Battez le jaune d'œuf en y ajoutant 4 cuillerées à soupe d'eau. Avec la pâte, confectionnez des petites boules, plongez-les dans le jaune d'œuf dilué et disposez les boulettes sur la plaque. Enfournez celle-ci à mi-hauteur et faites cuire et dorer à four modéré (190°C).

Amuse-gueule
Les trois types d'amuse-gueule décrits ci-contre sont destinés à être servis avec l'apéritif. Vous les confectionnerez sans difficulté, à peu de frais et pratiquement sans risque d'échec.
Même vos enfants, s'ils ne sont pas trop jeunes, pourront vous donner un coup de main pour les réussir.

Boulettes au fromage

Préparation: 20 à 25 minutes
Temps de repos: 2 heures
Cuisson au four: 15 à 20 minutes

Ingrédients pour 4 à 6 personnes:
200 g de farine, 150 g de gouda vieux râpé
poivre du moulin, sel
200 g de beurre, 3 jaunes d'œufs
gingembre en poudre
farine pour la planche à pâtisserie
beurre pour la plaque

Préparation:
Versez la farine, le fromage et une pincée de poivre dans une terrine, ajoutez-y le beurre que vous couperez à l'aide de deux couteaux en tout petits dés. Mélangez soigneusement tous ces ingrédients et incorporez-y les jaunes d'œufs en ajoutant, selon le goût, du gingembre en poudre et du sel. A l'aide d'une fourchette, mélangez le contenu de la terrine jusqu'à ce que la pâte soit devenue bien friable. Saupoudrez la planche à pâtisserie d'une fine couche de farine, disposez le contenu de la terrine sur la planche et pétrissez le mélange à la main jusqu'à obtention d'une pâte très élastique. Faites une boule de la pâte, couvrez-la d'un linge et laissez-la reposer pendant 2 heures. Préchauffez le four (190°C) et beurrez la plaque à pâtisserie sans exagération. Farinez à nouveau la planche et étendez la boule de pâte à la main de façon à obtenir un long rouleau cylindrique. Découpez celui-ci en 20 à 30 morceaux de grandeur égale. Confectionnez, à partir de ces morceaux de pâte, des boulettes bien rondes et homogènes, et diposez-les, légèrement écartées l'une de l'autre, sur la plaque. Glissez celle-ci à mi-hauteur dans le four préchauffé, jusqu'à ce que les boulettes soient cuites à point et aient pris une belle couleur dorée. Laissez refroidir avant de servir.

Zèbres au fromage

Préparation: 15 à 20 minutes
Réfrigération: 30 à 60 minutes

Ingrédients pour 4 à 6 personnes:
100 g de beurre mou
4 jaunes d'œufs durs
4 à 6 cuillerées à soupe de fromage piquant râpé ou moulu
une pincée de poivre de Cayenne
tabasco ou poivre du moulin
sel
400 g de pain de seigle coupé en fines tranches

Préparation:
Malaxez le beurre jusqu'à ce qu'il soit bien mousseux. Emiettez les jaunes d'œufs à la fourchette et mélangez-y le fromage. Relevez ce mélange en y incorporant du poivre de Cayenne, du tabasco ou du sel. Réservez quelques tranches du pain de seigle et beurrez les autres tranches avec le mélange. Entassez plusieurs tranches beurrées et couvrez la couche supérieure d'une tranche de pain de seigle non beurrée. Laissez reposer au réfrigérateur pendant ½ h au moins. Ensuite, coupez les tranches en bandes étroites et gardez-les au réfrigérateur jusqu'au moment de servir.

Truffes au fromage

Préparation: 15 à 20 minutes
Réfrigération: 1 à 2 heures

Ingrédients pour 4 à 6 personnes:
225 g de beurre mou salé
125 g de fromage râpé (gouda ou edam)
une pincée de poivre de Cayenne
une pincée de poivre du moulin
6 à 8 cuillerées à soupe de mie de pain de seigle

Préparation:
Malaxez le beurre pour le ramollir et le rendre mousseux, et incorporez-y le fromage râpé. Ajoutez-y, selon le goût, du poivre de Cayenne et du poivre blanc, et, éventuellement, du sel. Mettez ce mélange pendant 1 à 2 heures au réfrigérateur. Entre-temps, écrasez autant que possible la mie de pain de seigle. Sortez la préparation raffermie du réfrigérateur. Confectionnez-en des boulettes et passez celles-ci dans la mie de pain de seigle.

Egayez l'heure de l'apéritif
Surprenez vos invités avec ce délicieux assortiment d'amuse-gueule: boulettes, truffes et zèbres au fromage.

13

Salade au fromage

Préparation: 35 à 40 minutes
Temps de repos: 30 à 60 minutes

Ingrédients pour 4 personnes:
175 g de gouda fait
250 g d'edam ou d'emmenthal fait
300 g de raisins noirs
250 g de raisins blancs
50 g d'amandes effilées grillées
75 g de fromage blanc
2 cuillerées à soupe de mayonnaise
5 ou 6 cuillerées à soupe de crème fraîche
1 cuillerée à café de cassonade blonde
4 cuillerées à café de jus d'orange
2 ou 3 cuillerées à café de jus de citron
poivre du moulin
2 cuillerées à soupe de ciboulette coupée menu

Préparation:
Coupez le fromage en tranches très minces, puis coupez celles-ci en bandes ou découpez-y des petites figures à l'aide d'emporte-pièces, et coupez finement les restes du fromage. Lavez les raisins, d'abord à l'eau tiède, ensuite à l'eau froide. Avec du papier absorbant, séchez délicatement les raisins; puis, coupez-les en deux dans le sens de la longueur et épépinez-les. Mélangez le fromage, les raisins et les amandes effilées dans une terrine. Dans un grand bol, battez le fromage blanc en y mélangeant la mayonnaise et la crème fraîche. Ajoutez-y la cassonade et le jus d'orange. Goûtez la salade et relevez-la en y ajoutant du jus de citron et du poivre.
Versez la sauce sur le contenu de la terrine et, à l'aide d'une spatule, mélangez tous les ingrédients avec la ciboulette coupée menu, de façon à obtenir une masse légère, non compacte.
Laissez reposer cette salade, recouverte d'un linge, pendant 30 minutes au moins avant de la servir, dans un endroit frais, mais ne la mettez pas au réfrigérateur. Goûtez encore la salade juste avant de la servir et rectifiez éventuellement l'assaisonnement en y ajoutant un peu de jus de citron, de poivre ou de sel.

Salade de hareng
Présentez des tranches de pain blanc grillées avec cette salade.

Salade de hareng

Préparation: 30 à 35 minutes
Temps de repos: 1 heure

Ingrédients pour 4 personnes:
4 harengs
200 g de cornichons au vinaigre dans leur jus
100 g d'oignons pelés
400 g de pommes acidulées à chair ferme
150 g de yaourt
1 gobelet de crème aigre (125 g)
2 cuillerées à soupe de mayonnaise
1 cuillerée à café de cassonade blonde
poivre du moulin
sel
jus de citron

Principal ustensile de cuisine:
vide-pomme

Préparation:
Lavez les harengs et séchez-les soigneusement avec du papier de cuisine.
Coupez les harengs en morceaux assez grands et mettez ceux-ci dans une terrine. Coupez les cornichons transversalement en rondelles de ½ cm d'épaisseur et mélangez-les aux harengs.

Avec un couteau à lame tranchante, coupez l'oignon en anneaux assez minces.
Lavez, séchez et épluchez éventuellement les pommes; enlevez-en les pépins et le cœur à l'aide du vide-pomme. Coupez les pommes en petits dés et ajoutez-les aux anneaux d'oignon, aux harengs et aux cornichons. Dans un bol séparé, battez le yaourt en y incorporant la crème aigre et la mayonnaise.
Ajoutez, selon le goût, la cassonade blonde, 2 ou 3 cuillerées à soupe du vinaigre des cornichons, du poivre ou du sel. Versez la sauce sur le contenu de la terrine et mélangez tous les ingrédients à l'aide d'une spatule.
Mettez la salade, recouverte d'un linge, 1 à 2 heures au frais, avant de la servir, mais pas au réfrigérateur.
Goûtez la salade une dernière fois avant de la porter à table, car, pendant le repos, le goût de la salade a tendance à s'affaiblir.
Ajoutez-y, selon le goût, quelques gouttes de jus de citron, du poivre ou du sel.

Salade de crevettes
Faites égoutter 300 g de crevettes roses, décortiquées et lavées. Mélangez 3 cuillerées à soupe
d'huile de table avec 2 cuillerées à soupe de jus
de citron et laissez macérer les crevettes quelques heures dans ce mélange. Relevez le goût en
ajoutant une petite pincée de poivre et parsemez
cette salade de persil finement haché.

Salade russe

Préparation: 20 à 25 minutes
Réfrigération: 20 à 30 minutes

Ingrédients pour 4 personnes:
250 g de pommes de terre cuites froides
250 g de restes de viande de veau cuite
2 ou 3 pommes acidulées à chair ferme
1 petite betterave rouge cuite ou 5 cuillerées à soupe de petites betteraves aigres-douces en fines tranches ou des betteraves confites
4 cornichons au vinaigre
10 à 15 petits oignons blancs au vinaigre
4 cuillerées à soupe d'huile
3 ou 4 cuillerées à soupe de vinaigre
½ cuillerée à café de moutarde
poivre du moulin, sel
2 œufs durs écalés, 2 tomates pelées
quelques feuilles de laitue lavées et essorées
1 cuillerée à soupe de jus de citron
quelques cuillerées à soupe de mayonnaise
1 cuillerée à soupe de persil finement haché

Principaux ustensiles de cuisine:
vide-pomme, coupe-œufs

Préparation:
Coupez les pommes de terre en petits dés de ½ cm de côté; faites la même chose pour les restes de viande de veau.

Lavez, séchez et épluchez les pommes. Enlevez-en les pépins et le cœur à l'aide du vide-pomme. Coupez les pommes transversalement en tranches de ½ cm d'épaisseur, puis coupez ces tranches de manière à obtenir des petits dés carrés. Emincez la betterave rouge. Versez les pommes de terre, la viande, les pommes et la betterave dans une terrine, et faites-en un mélange léger et aéré. Emincez les cornichons. Coupez les oignons éventuellement en 2 ou 3 morceaux et ajoutez le tout aux ingrédients contenus dans la terrine. Battez l'huile avec le vinaigre, la moutarde et le poivre. Versez cette sauce dans la terrine et mélangez le tout. Mettez la terrine, couverte d'un linge, au réfrigérateur.

Entre-temps, coupez les œufs durs et les tomates en fines tranches. Epépinez les tranches de tomate. Retirez la terrine du réfrigérateur, mélangez une dernière fois la salade et ajoutez-y selon le goût vinaigre, moutarde, poivre ou sel. Garnissez le fond d'un plat avec quelques feuilles de laitue, arrosez-les légèrement avec le jus de citron et disposez la salade russe en dôme au centre du plat. Garnissez le tout avec la mayonnaise, des tranches d'œuf et de tomate, et parmesez de persil haché.

Salade de pommes de terre

> **Salade de pommes de terre**
> Le vieux dicton autant de têtes, autant d'avis s'applique incontestablement aussi à la salade de pommes de terre. Il en était déjà ainsi du temps de nos grand-mères, qui se laissaient généralement inspirer par la recette traditionnelle.
> Quoi qu'il en soit, rien ne vaut une salade de pommes de terre pour laquelle on utilise des pommes de terre qui, à peine cuites et encore chaudes, sont arrosées de bouillon et d'un peu de jus de citron ou de vinaigre.

Préparation: 40 à 45 minutes
Temps de repos: 2 à 4 heures

Ingrédients pour 4 personnes:
400 g de pommes de terre bien nettoyées
1 cube ou ½ tablette de bouillon
4 cuillerées à soupe de jus de citron
1 petit oignon finement haché ou râpé
3 cuillerées à soupe de mayonnaise
ou de vinaigrette
½ cuillerée à soupe de moutarde
2 petits cornichons au vinaigre, hachés menu
2 cuillerées à soupe de persil finement haché
2 cuillerées à soupe d'aneth finement coupé
poivre, sel
quelques feuilles de laitue ou de scarole jaune
quelques tranches d'œuf dur
quelques tranches de tomate épépinées

Principal ustensile de cuisine:
tamis

Préparation:
Faites cuire les pommes de terre dans une quantité d'eau juste suffisante pour les couvrir. Laissez-les égoutter, remettez-les quelques instants sur un feu doux pour les sécher et épluchez-les.

Coupez les pommes de terre en tranches de ½ cm d'épaisseur et versez-les dans une terrine. Faites bouillir 2 ½ dl d'eau à laquelle vous aurez ajouté le cube de bouillon concentré. Ajoutez-y, en remuant, la moitié du jus de citron et l'oignon, et versez ce bouillon sur les pommes de terre. Mettez la terrine couverte d'un linge au moins 2 heures dans un endroit frais, mais pas au réfrigérateur.

En remuant doucement, mélangez la mayonnaise, la moutarde, le cornichon, le persil et l'aneth émincés.

Egouttez les pommes de terre au tamis si elles n'ont pas entièrement absorbé le bouillon.

Ajoutez la sauce aux pommes de terre en remuant délicatement.

Goûtez la salade et rectifiez éventuellement l'assaisonnement en y ajoutant une pincée de poivre ou de sel.

Laissez de nouveau reposer la terrine couverte pendant un quart d'heure ou davantage.

Entre-temps, garnissez le fond d'un plat avec quelques feuilles de laitue ou de scarole. Goûtez une dernière fois la salade et ajoutez, selon le goût, du vinaigre, du poivre ou du sel.

Disposez la salade au centre du plat et décorez le tout avec quelques tranches d'œuf dur et de tomate.

Salade russe
Servez la salade russe accompagnée de toasts ou de baguette.

Salade de crevettes à l'ancienne
Servez cette salade avec des morceaux de citron et des crackers ou des toasts.

Salade de crevettes à l'ancienne

Préparation: 30 à 35 minutes
Temps de repos: 30 à 60 minutes

Ingrédients pour 4 personnes:
250 g de crevettes roses décortiquées
250 g de pommes acidulées
1 cuillerée à café de jus de citron
1 tige de céleri, ⅛ l de crème fraîche
4 cuillerées à soupe de mayonnaise
1 ou 2 cuillerées à soupe de purée de tomates
2 cuillerées à soupe de xérès
ou de vin blanc sec
1 pincée de sucre
tabasco ou poivre du moulin, sel
quelques tranches d'œuf dur
quelques tranches de tomate épépinées

Principaux ustensiles de cuisine:
tamis, vide-pomme, fouet

Préparation:
Lavez les crevettes et égouttez-les au tamis.

Lavez, séchez et épluchez les pommes; enlevez-en le cœur et les pépins à l'aide du vide-pomme. Coupez les pommes transversalement en tranches de ½ cm d'épaisseur, puis en petits dés carrés. Arrosez ceux-ci avec le jus de citron. Lavez et essuyez le céleri, et coupez la tige en rondelles très fines. Mélangez celles-ci avec les pommes.
Fouettez la crème sans exagération et incorporez-y la mayonnaise, la purée de tomates, le vin et le sucre.
En les tamponnant délicatement avec du papier absorbant, séchez les crevettes et disposez-les sur la sauce de crème fouettée. Ajoutez-y les pommes et les tranches de céleri, et mélangez le tout en remuant doucement avec une spatule. Couvrez et mettez au frais pendant 30 minutes au moins, mais pas au réfrigérateur. Goûtez la salade. Ajoutez-y selon le goût quelques gouttes de jus de citron, du tabasco et du sel.
Disposez la salade en dôme sur un plat ou servez-la dans 4 raviers individuels. Garnissez le tout avec les tranches d'œuf dur et de tomate.

Salade de chou-fleur aux œufs

Préparation: 20 à 25 minutes
Temps de repos: 30 à 60 minutes

Ingrédients pour 4 personnes:
1 petit chou-fleur nettoyé
sel
1 cuillerée à soupe de jus de citron
1 belle endive
6 œufs durs écalés
6 cuillerées à soupe de yaourt
4 cuillerées à soupe de mayonnaise
un soupçon de moutarde
une pincée de sucre
tabasco ou poivre du moulin
sel

Principal ustensile de cuisine:
coupe-œufs

Préparation:
Coupez le chou-fleur en gros bouquets et divisez ceux-ci en bouquets plus petits.
Faites bouillir 1 ½ dl d'eau légèrement salée, à laquelle vous aurez ajouté le jus de citron. Mettez les bouquets de chou-fleur dans la casserole et faites-les bouillir 1 à 2 minutes.

Jetez le jus de cuisson et égouttez le chou-fleur jusqu'à ce qu'il soit bien sec. Lavez l'endive. Emincez la partie la plus épaisse des feuilles et disposez les sommets des feuilles sur un plat de telle manière que les pointes en soient orientées vers le bord extérieur. Coupez les œufs en tranches et réduisez celles-ci en petits morceaux.
Battez le yaourt en y incorporant la mayonnaise, la moutarde et le sucre; relevez-en le goût en y ajoutant du tabasco ou du sel. Versez les bouquets de chou-fleur, les parties émincées de l'endive et les morceaux d'œuf dans cette sauce, mélangez le tout délicatement et laissez reposer au frais 30 minutes au moins. Goûtez une dernière fois la salade. Ajoutez-y selon le goût du jus de citron, de la moutarde, du sucre, du poivre ou du sel. Disposez la salade sur les feuilles d'endive de manière à ce que les sommets des feuilles en soient tout juste recouverts.

Les potages

Potage au poulet
Velouté de poulet
Potage aux flocons d'avoine
Potage aux bananes
Velouté de tomates
Potage au chou de Milan
Potage au vermicelle
Julienne aux boulettes de viande
Potage aux choux de Bruxelles
Potage aux petits pois
Potage aux poireaux
Potage Parmentier au saucisson
Potage Parmentier au cumin
Soupe de poisson
Potage aux crevettes d'Ostende
Soupe aux moules
Potage de gruau
Potage au tapioca
Potage de gruau aux haricots rouges
Soupe paysanne
Potage purée au riz
Potage aux haricots rouges
Potage crème au curry
Potage purée au jambon
Potage aux lentilles
Potage aux lentilles et au hachis
Potage purée aux pois

Potage au poulet

Préparation: 1 ½ à 2 heures

Ingrédients pour 4 à 8 personnes (2 litres):
1 poulet prêt à cuire de 1 à 1 ½ kg
200 à 250 g de cuisse de veau
½ oignon moyen grossièrement haché
6 à 8 petites carottes, ½ bouquet de persil
un petit morceau de macis
6 grains de poivre ou poivre du moulin, sel
1 ou 2 poireaux pas trop gros
50 g de farine de riz, de farine lactée
ou de fécule de maïs
1 ou 2 jaunes d'œufs
8 à 10 cuillerées à soupe de crème fraîche

Principaux ustensiles de cuisine:
grand tamis, coupe-légumes

Préparation:
Lavez le poulet et détaillez-le en 8 à 12 morceaux. Lavez soigneusement la cuisse de veau à l'eau tiède et mettez les morceaux de poulet avec la cuisse, l'oignon et la moitié des carottes dans une marmite à soupe, de préférence haute et étroite, dont le couvercle ferme hermétiquement. Lavez et séchez le persil, coupez les feuilles de la tige et mettez les tiges avec le macis, du poivre et du sel dans la marmite. Recouvrez le tout de 2 ¼ litres d'eau bouillante. Couvrez la marmite, mettez-la sur une source de chaleur pas trop vive et modérez celle-ci dès que le contenu de la casserole atteint le point d'ébullition. Faites macérer le bouillon ¾ d'heure à 1 heure. Passez-le ensuite au tamis dans une autre marmite. Désossez la viande et coupez-la en morceaux assez grands.

Faites reprendre l'ébullition du bouillon dans la marmite. Entre-temps, grattez l'autre moitié des carottes et coupez-les en rondelles très minces. Lavez les poireaux et coupez-les en lanières assez fines. Laissez cuire les carottes et les poireaux dans le bouillon; quand ils sont cuits à point, ajoutez-y la viande. Délayez la farine de riz avec de l'eau jusqu'à obtention d'une bouillie, qui servira à lier le bouillon. Hachez les feuilles de persil menu, ajoutez-les en remuant au potage et ajoutez poivre ou sel selon le goût. En battant énergiquement les jaunes d'œufs et la crème versés dans la soupière, faites-en un mélange bien aéré. Toujours en battant, versez le potage sur le mélange et servez immédiatement.

Potage au poulet
Un potage très savoureux, qui s'obtient en hachant menu la viande de poulet cuite à point à laquelle vous pourrez incorporer un peu de pain trempé ou un œuf et des épices, et en confectionnant des petites boulettes avec le hachis de poulet. Faites cuire ces boulettes quelques instants dans le potage avant de servir.

Velouté de poulet

Préparation: 2 heures

Ingrédients pour 4 à 8 personnes (2 litres):
800 à 1000 g de morceaux de poulet
½ oignon moyen grossièrement haché
3 carottes
quelques branches de persil ou de céleri
1 petit morceau de macis
1 petite feuille de laurier
4 grains de poivre ou poivre du moulin
une pincée de basilic
sel
100 à 150 g de hachis de veau
1 biscotte
ou 4 cuillerées à soupe de chapelure
ou ½ tranche de pain rassis
une pincée de clous de girofle en poudre
50 g de beurre, 45 g de farine
2 cuillerées à soupe de fécule de maïs
8 à 10 cuillerées à soupe de crème fraîche
1 ou 2 cuillerées à soupe de cerfeuil

Préparation:
Préparez le bouillon de poulet comme décrit ci-dessus. Faites chauffer l'oignon, les carottes, le persil, le macis, la feuille de laurier, le poivre et le basilic.

Entre-temps, confectionnez les boulettes de viande. Pour ce faire, mettez le hachis dans une terrine et mélangez-y la biscotte pulvérisée, ou la chapelure, ou le pain rassis émietté.

Versez un peu d'eau chaude et ajoutez du poivre, du sel et le clou de girofle en poudre.

Mélangez le tout et confectionnez des boulettes avec le hachis.

Passez le bouillon au tamis. Désossez la viande et partagez-la en morceaux assez grands.

Faites chauffer le beurre. Mélangez la farine, que vous faites légèrement revenir dans le beurre, en remuant constamment.

Versez le bouillon par petites quantités à la fois dans la marmite, de façon à obtenir un potage lié velouté. Ajoutez les boulettes de hachis et laissez-les cuire à point 10 à 12 minutes. Mettez les morceaux de poulet dans la marmite.

Préparez une bouillie légère avec la fécule de maïs et la crème fraîche, versez-la dans la marmite et laissez-la cuire quelques instants dans le potage.

Juste avant de servir, jetez le cerfeuil en pluie dans le potage, remuez et rectifiez l'assaisonnement en ajoutant éventuellement du poivre ou du sel.

Potage aux flocons d'avoine

Préparation: 1 heure 20

Ingrédients pour 4 personnes (1 litre):
400 g de veau ou de poulet haché
½ petit oignon haché, un morceau de macis
poivre du moulin, sel
40 g de flocons d'avoine à cuisson rapide
1 cuillerée à soupe de fécule de maïs
1 jaune d'œuf
6 cuillerées à soupe de crème fraîche
une pincée de noix de muscade
1 cuillerée à soupe de persil finement haché

Préparation:
Lavez le hachis à l'eau tiède. Mettez la viande avec l'oignon, le macis, du poivre et du sel sur le feu dans une casserole contenant suffisamment d'eau chaude pour que tous les ingrédients soient recouverts. Laissez cuire la viande 45 minutes et retirez-la de la casserole ainsi que le macis. Délayez le bouillon avec de l'eau bouillante jusqu'à en obtenir ¾ de litre, versez les flocons d'avoine en pluie dans la casserole et laissez-les cuire à point dans le bouillon.
Passez les flocons d'avoine et le bouillon au tamis ou réduisez-les en poudre à l'aide du mixeur. Délayez le potage avec de l'eau bouillante jusqu'à obtention de 1 litre et portez-y le hachis à ébullition.
Avec la fécule de maïs, le jaune d'œuf, la crème et 4 cuillerées à soupe d'eau froide, préparez une bouillie légère. Retirez la casserole du feu et ajoutez la bouillie au potage en remuant.
En remuant constamment, faites chauffer le potage encore quelques instants jusqu'à ce que la fécule de maïs soit à point. Assaisonnez selon le goût. Versez le persil en pluie dans le potage, juste avant de servir.

Potage aux flocons d'avoine
Grâce au liant et aux aromates, ce potage, préparé à base de bouillon de veau ou de poulet, devient un vrai régal.

Potage aux bananes

Préparation: 50 à 60 minutes

Ingrédients pour 4 personnes (1 litre):
250 g de veau ou de poulet haché
½ petit oignon haché
un petit morceau de macis
poivre du moulin, sel
2 cubes ou 1 tablette de bouillon
30 g de riz farineux, 2 jaunes d'œufs
une petite pincée de safran
ou une pincée de curry
4 cuillerées à soupe de crème fraîche
1 cuillerée à soupe de fécule de maïs
2 bananes
1 cuillerée à soupe de jus de citron

Préparation:
Lavez la viande à l'eau tiède. Mettez la viande, l'oignon, le macis, du poivre et les cubes de bouillon dans une casserole avec 1 litre d'eau bouillante. Lavez le riz et versez-le dans la casserole. Remuez pendant que vous portez le contenu de la casserole à ébullition. Ensuite, laissez mijoter la viande et le riz jusqu'à ce qu'ils soient à point. Retirez le macis de la casserole.
Préparez une bouillie légère en mélangeant et battant les jaunes d'œufs, le safran ou le curry, la crème et la fécule de maïs. Pelez les bananes, écrasez-les à la fourchette et remuez-les jusqu'à l'état liquide. Ajoutez-y la moitié du jus de citron et mélangez les bananes en tournant avec la bouillie d'œufs. Délayez le tout avec 3 cuillerées à soupe d'eau. Versez ce mélange dans le potage et laissez cuire celui-ci en remuant jusqu'à ce qu'il commence à frémir. Retirez la casserole du feu et ajoutez, selon le goût, le reste du jus de citron, du poivre ou du sel.

Velouté de tomates
Faites chauffer 45 g de beurre, ajoutez-y 40 g de farine et remuez jusqu'à ce que la farine soit plus ou moins cuite à point.
Râpez la plus grosse partie d'un petit oignon pelé, mettez-le dans la casserole et mélangez-y aussi, en remuant, 40 g de purée de tomates.
Toujours en remuant, versez 1 litre de bouillon dans la casserole et continuez de remuer jusqu'à ce que le potage soit en ébullition.
Continuez la cuisson à feu très doux.
Beurrez 3 tranches de pain rassis des deux côtés, enlevez-en éventuellement les croûtes et faites dorer le pain des deux côtés dans une poêle à frire. Goûtez le potage. Rectifiez éventuellement l'assaisonnement en y ajoutant poivre ou sel.
Coupez les tranches de pain en petits carrés et servez-les en croûtons.

Potage au chou de Milan

Préparation: 30 à 40 minutes
Macération: 2 heures ou davantage

Ingrédients pour 4 à 6 personnes (1 ½ litre):
450 g de cuisse de veau
4 cuillerées à soupe de farine
50 g de saindoux ou de beurre
1 petit oignon grossièrement haché
2 petites carottes émincées
quelques branches de céleri ou de persil
½ feuille de laurier, 2 cubes de bouillon
40 g de beurre, 50 g de riz
½ cuillerée à café de curry
80 g de chou de Milan finement émincé
poivre du moulin, sel

Principaux ustensiles de cuisine:
casserole à rôtir, marmite à soupe, tamis

Préparation:
Incorporez ½ cuillerée à café de sel à la farine et passez la cuisse de veau dans la farine.

Faites chauffer le saindoux dans la casserole et faites-y rissoler la cuisse de veau. Ajoutez-y l'oignon au dernier moment et rissolez-le jusqu'à ce qu'il soit légèrement doré. Mettez les carottes, le céleri et la ½ feuille de laurier dans la casserole, faites-les rissoler très légèrement, puis versez-y 1 ½ l d'eau. Ajoutez les cubes de bouillon concentré. Continuez la cuisson à feu doux. Contrôlez au bout de 1 ½ heure si la cuisse de veau est à peu près cuite à point. Faites chauffer le beurre dans la marmite à soupe et incorporez-y le curry sans trop le chauffer.
Lavez le chou. Mettez-le dans la marmite avec 2 cuillerées à soupe d'eau et laissez cuire le chou à l'étouffée pendant 5 à 8 minutes, après avoir mis le couvercle sur la marmite. Lavez le riz dans le tamis et mettez-le dans la marmite. Versez le bouillon de veau à travers le tamis dans la marmite, ajoutez-y le riz et portez le tout à ébullition en remuant constamment. Laissez cuire à point le contenu de la marmite; ajoutez-y alors la cuisse de veau coupée en morceaux et rectifiez éventuellement l'assaisonnement.

Potage au vermicelle

Pour obtenir un potage au vermicelle limpide, il y a lieu de préparer séparément d'une part le vermicelle et d'autre part les boulettes, et de les ajouter ensuite au bouillon.

Potage au vermicelle

Préparation: 25 à 35 minutes
Macération: 1 à 2 heures

Ingrédients pour 4 personnes (1 litre):
250 g de cuisse de veau
½ oignon moyen grossièrement haché
2 à 4 jeunes carottes ou une grosse carotte coupée en rondelles
quelques branches de persil
1 petit morceau de macis
1 petite feuille de laurier
1 clou de girofle, 4 grains de poivre
150 g de hachis de veau
1 petit œuf
2 cuillerées à soupe de mie de pain ou de chapelure
une pincée de noix de muscade en poudre
poivre du moulin, sel
40 g de vermicelle

Principal ustensile de cuisine:
tamis ou passoire avec étamine

Préparation:
Rincez les morceaux de cuisse de veau à l'eau chaude. Versez 1 litre d'eau froide dans la marmite à soupe et mettez-y la cuisse de veau avec l'oignon, les carottes, le persil, le macis, la feuille de laurier, le clou de girofle, le poivre et 1 cuillerée à soupe de sel.

Mettez la marmite à feu doux et portez son contenu lentement à ébullition. Ensuite, réduisez la source de chaleur au maximum et laissez macérer la cuisse de veau 1 ½ à 2 heures. Passez le bouillon, au tamis ou à la passoire avec étamine; laissez-le refroidir éventuellement et dégraissez-le. Mettez le hachis de veau dans une terrine et mélangez-y l'œuf, la mie de pain, la noix de muscade en poudre, le poivre et le sel. Mélangez bien tous ces ingrédients et confec-tionnez-en des boulettes. Portez 4 dl d'eau à ébullition dans une casserole et versez-y les boulettes pour les cuire à point. Entre-temps, laissez cuire à point le vermicelle légèrement écrasé dans 2 ½ dl d'eau salée bouillante. Egouttez le vermicelle quand il est cuit et rincez-le immédiatement et abondamment à l'eau froide. Réchauffez le bouillon, faites chauffer le vermicelle dans le bouillon, retirez les boulettes de leur eau de cuisson et ajoutez-les au potage.

Julienne aux boulettes de viande

Préparation: 30 à 40 minutes

200 g de hachis, moitié porc, moitié veau, ou 200 g de hachis de veau
½ à 1 fine tranche de pain rassis
1 petit œuf
une pincée de noix de muscade en poudre
une pincée de clous de girofle en poudre
poivre du moulin
sel
2 cuillerées à soupe de fécule de pomme de terre
1 cuillerée à soupe de cerfeuil finement haché
3 cuillerées à soupe de persil ou de céleri finement haché

Principal ustensile de cuisine:
grand tamis ou passoire

Préparation:
Lavez les légumes à l'eau tiède dans le tamis ou la passoire; coupez menu les morceaux trop grands. Laissez bien égoutter. Faites chauffer le beurre, ajoutez-y les légumes et laissez-les cuire à l'étouffée pendant 8 à 10 minutes à feu très doux. Mettez le thym, le romarin et les cubes de bouillon dans la marmite, et versez-y 1 ½ litre d'eau bouillante. Ajoutez le riz ou le gruau et portez le bouillon à ébullition en remuant constamment. Couvrez de nouveau la marmite et continuez la cuisson à feu doux. Mettez le hachis, le pain, l'œuf, la noix de muscade et le clou de girofle en poudre, du poivre et du sel dans une terrine. A l'aide d'une fourchette, écrasez et mélangez tous ces ingrédients jusqu'à obtention d'une masse homogène.
Confectionnez-en des boulettes et laissez-les cuire à point dans le potage. Contrôlez également si le riz ou le gruau sont cuits à point.
Délayez la fécule de pomme de terre avec un peu d'eau, mélangez en remuant et liez le potage avec cette bouillie.
Toujours en remuant, ajoutez le cerfeuil et le persil au potage, et rectifiez l'assaisonnement en ajoutant du poivre et du sel selon le goût.

Ingrédients pour 4 à 6 personnes (1 ½ litre):
100 à 150 g d'herbes potagères
en été: chou-fleur, jeunes carottes, poireaux, petits pois, haricots verts
en hiver: céleri-rave, carottes tardives, choux de Bruxelles, poireaux, petits oignons, feuilles de céleri ou herbes potagères surgelées
40 g de beurre
une pincée de thym en poudre
une pincée de romarin en poudre
6 cubes ou 3 tablettes de bouillon
40 g de brisures de riz, de riz à cuisson rapide ou de gruau

Julienne aux boulettes de viande
Ce potage traditionnel, judicieusement assaisonné, constitue aujourd'hui comme jadis un heureux prélude à tout repas.

Potage aux choux de Bruxelles

Préparation: 45 à 50 minutes

Ingrédients pour 4 à 6 personnes (1 ½ litre):
60 g de beurre, 1 gros oignon haché
250 g de choux de Bruxelles nettoyés
150 g de pommes de terre épluchées et coupées
en petits morceaux
2 dl de lait
5 cubes ou 1 ½ tablette de bouillon
2 cuillerées à soupe de fécule de maïs
poivre du moulin, sel
une pincée de noix de muscade
6 cuillerées à soupe de fromage vieux râpé

Principaux ustensiles de cuisine:
chinois, passe-vite ou mixeur

Préparation:
Faites chauffer 40 g de beurre et faites-y rissoler l'oignon. Blanchissez les choux de Bruxelles en procédant comme suit: mettez-les sur le feu dans une grande quantité d'eau froide, portez l'eau à ébullition, puis égouttez les choux de Bruxelles. Arrosez-les immédiatement avec de l'eau froide en abondance. Coupez-les en deux.
Mettez les choux de Bruxelles avec les pommes de terre dans la casserole et versez-y suffisamment d'eau chaude pour que les choux de Bruxelles et les pommes de terre soient presque recouverts. Portez le contenu de la marmite à ébullition, puis laissez cuire lentement jusqu'à ce que le tout soit cuit à point. Passez alors les pommes de terre et les légumes au tamis ou servez-vous du mixeur pour les réduire en purée. Versez cette purée à nouveau dans la marmite à soupe, ajoutez-y le lait et délayez le tout avec de l'eau chaude jusqu'à obtention de 1 ½ litre de potage. Portez le tout à ébullition avec les cubes de bouillon en remuant constamment. Préparez une bouillie légère avec la fécule de maïs et un peu d'eau, et mélangez celle-ci au potage toujours en remuant; laissez cuire la fécule de maïs quelques instants dans le potage. Ajoutez le beurre restant au potage et rectifiez l'assaisonnement. Versez le fromage râpé dans le potage juste avant de le servir.

Potage aux légumes (julienne)
Depuis toujours, et bien avant le temps de nos grand-mères, on a utilisé les légumes pour la préparation de soupes et de potages. Le potage aux légumes, ou julienne, n'a rien perdu de sa popularité, ce qui s'explique par le fait qu'on trouve une grande variété de légumes à chaque époque de l'année. Chaque pays a son potage aux légumes spécifique et ces potages peuvent varier à l'infini, depuis le bouillon léger que l'on sert comme entrée jusqu'au potage épais, enrichi de toutes sortes d'ingrédients, et qui constitue parfois le plat principal.
Nos grand-mères préparaient souvent des potages à base d'un seul légume ou de restes de légumes. Ces potages offraient l'avantage d'être prêts en un minimum de temps. Pour les rendre plus appétissants, elles saupoudraient leurs potages d'un peu de fromage râpé - un exemple à suivre!

Potage aux petits pois

Préparation: 20 à 25 minutes

Ingrédients pour 4 personnes (1 litre):
420 g de petits pois
100 g d'herbes potagères fraîches
ou congelées
70 g de purée de tomates, 25 g de farine
2 tablettes ou 5 cubes de bouillon

Préparation:
Portez les petits pois à ébullition dans 3 dl d'eau. Ajoutez-y les herbes potagères, la purée de tomates et les cubes ou les tablettes de bouillon, et laissez cuire les légumes à point.
Réduisez-les en purée, et faites bien chauffer cette purée. Préparez une bouillie légère en mélangeant la farine avec un peu d'eau. Liez le potage avec cette préparation et délayez le tout avec 3 ou 4 dl d'eau bouillante.

Potage aux poireaux

Préparation: 25 à 35 minutes

Ingrédients pour 4 à 6 personnes (1 ½ litre):
50 g de beurre
2 gros oignons finement hachés
2 à 4 poireaux pas trop gros
40 g de semoule
6 cubes ou 3 tablettes de bouillon
6 à 8 cuillerées à soupe de lait
½ à 1 cuillerée à soupe de jus de citron
100 g de jambon maigre en fines lanières
poivre du moulin, sel
2 ou 3 cuillerées à soupe de fromage vieux râpé

Préparation:
Faites chauffer le beurre et faites-y fondre les oignons sans les laisser dorer. Coupez la partie blanche des poireaux en lanières assez fines, lavez-les soigneusement et ajoutez-les aux oignons sans les essorer. Mettez le couvercle sur la marmite et laissez cuire le tout à l'étouffée.

pendant 8 à 10 minutes. Versez 1 ½ litre d'eau bouillante dans la marmite. Au moment où elle bout, ajoutez-y, en remuant, la semoule ainsi que les cubes ou les tablettes de bouillon. Continuez à remuer jusqu'à ébullition du bouillon et laissez cuire la semoule 8 à 10 minutes à feu doux. Versez ensuite le lait, puis le jus de citron, dans la marmite et mélangez en remuant. Ajoutez le jambon et relevez de poivre et de sel. Servez le potage dans une terrine ou dans des bols individuels et versez-y le fromage râpé en pluie.

Potage aux poireaux

Un potage délicieux grâce à la combinaison de poireaux, de jambon et de fromage, et dont la préparation demande peu de temps.

27

Potage Parmentier au saucisson

Préparation: 45 à 55 minutes

Ingrédients pour 4 à 6 personnes (1 ½ litre):
½ céleri-rave
1 ou 2 poireaux
2 à 4 jeunes carottes
1 oignon moyen émincé
40 g de beurre ou de saindoux
400 g de pommes de terre épluchées et coupées en petits dés
4 cubes ou 1 ½ tablette de bouillon
1 petite feuille de laurier
200 g de saucisson ou de cervelas pas trop gros coupé en tranches assez minces
poivre du moulin
sel

Principal ustensile de cuisine:
pilon ou mixeur

Potage Parmentier au saucisson
Un potage exquis pour les jours froids, réalisé avec des ingrédients que l'on peut se procurer facilement en hiver.

Préparation:
Epluchez le céleri-rave, coupez-le en tranches et partagez celles-ci en lanières. Coupez la partie blanche des poireaux en lanières de ½ cm de largeur. Grattez les carottes et coupez-les en rondelles minces. Lavez les légumes, égouttez-les et ajoutez-y l'oignon.

Faites chauffer le beurre, et mettez-y à braiser l'ensemble des légumes pendant 8 à 10 minutes. Ajoutez ensuite les pommes de terre, les cubes de bouillon, la feuille de laurier et ¾ de litre d'eau bouillante. Mélangez et portez à ébullition.

Baissez le feu et faites cuire à point les pommes de terre et les légumes.

Retirez la feuille de laurier de la marmite.

Ecrasez le contenu de la marmite au pilon ou servez-vous du mixeur.

Ajoutez en remuant convenablement 6 dl d'eau bouillante ainsi que les tranches de saucisson ou de cervelas.

Otez la marmite de la cuisinière dès que le potage a atteint le point d'ébullition.

Ajoutez le persil. Rectifiez l'assaisonnement en ajoutant poivre ou sel selon le goût. Servez le potage le plus chaud possible.

Potage Parmentier au cumin

Préparation: 45 à 55 minutes

Ingrédients pour 4 à 6 personnes (1 ½ litre):
50 g de saindoux, de graisse végétale ou de beurre
2 gros oignons émincés
350 g de pommes de terre épluchées et coupées en petits dés
3 gros poireaux
½ à 1 cuillerée à café de cumin
4 cubes ou ½ tablette de bouillon
250 g de jambon pas trop maigre coupé menu
poivre du moulin
sel

Principal ustensile de cuisine:
pilon ou mixeur

Préparation:
Faites chauffer la matière grasse et faites-y blondir les oignons. Ajoutez-y les pommes de terre avec ½ litre d'eau bouillante et portez le tout à ébullition.

Entre-temps, coupez les poireaux en petits morceaux. Lavez-les et mettez-les dans la marmite avec le cumin et les cubes de bouillon.

Laissez cuire les pommes de terre et les poireaux à point et écrasez ensuite le contenu de la marmite au pilon ou en vous servant du mixeur.

Portez cette purée avec 8 dl d'eau bouillante à ébullition en remuant sans arrêt. Mélangez les morceaux de jambon au potage et ajoutez-y poivre ou sel selon le goût.

Soupe de poisson
Un potage exquis, que l'on peut préparer avec différentes sortes de poissons.

Soupe de poisson

Préparation: 45 à 55 minutes

Ingrédients pour 4 à 6 personnes (1 ½ litre):
6 cuillerées à soupe d'huile
1 gros oignon finement émincé
1 gousse d'ail
100 g de riz
1 petit céleri-rave
1 ou 2 poireaux pas trop gros
2 ou 3 jeunes carottes
1 petit bulbe de fenouil

750 g de tranches de cabillaud, d'églefin
ou de merlan, ou de filets de plie, de sole
ou de turbot
4 cuillerées à soupe de farine
poivre du moulin, sel
une pincée de basilic séché
une pincée d'estragon séché
une pincée de romarin séché
3 grosses tomates épluchées et épépinées
ou 2 cuillerées à soupe de purée de tomates
2 cubes ou 1 tablette de bouillon
4 à 6 cuillerées à soupe de persil
ou de céleri finement haché

Préparation:

Faites revenir l'oignon et l'ail dans 2 cuillerées à soupe d'huile préalablement chauffée. Lavez le riz; versez-le dans la marmite à soupe avec 2 ½ dl d'eau bouillante. Remuez jusqu'à ébullition, couvrez la marmite et baissez le feu.

Coupez le céleri-rave en tranches, pelez celles-ci en faisant une épluchure assez épaisse et coupez les tranches en fines lanières. Traitez les poireaux, les carottes et le bulbe de fenouil de la même manière. Lavez soigneusement les légumes et disposez-les sur le riz. Lavez le poisson, retirez les arêtes et la peau.

Incorporez du poivre et du sel à la farine, et roulez le poisson dans cette farine. Chauffez l'huile restante dans une sauteuse ou une poêle à frire et faites-y sauter rapidement le poisson sur ses deux faces. Mettez ensuite le poisson avec le basilic, l'estragon, le romarin, les tomates et les cubes de bouillon dans la marmite. Versez-y 1 litre d'eau bouillante et laissez cuire à point à feu modéré le riz, les légumes et le poisson.

Goûtez le potage; si nécessaire, rectifiez l'assaisonnement en y ajoutant du poivre et du sel. Mélangez le persil au potage, tout en remuant, juste avant de servir.

Potage aux crevettes d'Ostende

Préparation: 40 à 45 minutes

Ingrédients pour 4 à 6 personnes (1 ½ litre):
150 à 250 g de merlan prêt à cuire
1 oignon moyen grossièrement haché
2 jeunes carottes émincées
4 grains de poivre
½ feuille de laurier
quelques branches de persil
50 g de beurre, 45 g de farine
2 ½ cuillerées à soupe de fécule de maïs
8 à 10 cuillerées à soupe de crème fraîche
une pincée de curry
150 à 200 g de crevettes fraîches, cuites et décortiquées
poivre du moulin, sel
2 cuillerées à soupe de persil haché menu

Préparation:

Lavez le poisson, coupez-le en morceaux et mettez-le sur le feu avec 1 litre d'eau froide, l'oignon, les carottes, les grains de poivre, la feuille de laurier et le persil.

Portez le contenu de la marmite lentement à ébullition, baissez le feu et laissez cuire à point le poisson. Passez le contenu de la marmite au tamis ou à la passoire. Faites chauffer le beurre et ajoutez-y la farine à feu très doux en remuant constamment. Versez ensuite, toujours en remuant, le bouillon de poisson dans la marmite, de manière à obtenir un potage épais, lisse et bien lié. Mélangez la fécule de maïs à la crème et au curry, versez ce mélange dans le potage et ajoutez en brassant 4 dl d'eau bouillante au contenu de la marmite. Lavez les crevettes, jetez-les dans le potage et ajoutez du poivre et du sel à volonté. Saupoudrez le potage du persil haché juste avant de servir.

Potage aux crevettes d'Ostende
Un potage léger au goût exquis. Selon le goût, on pourra verser un peu de xérès sec dans la terrine avant d'y ajouter le potage.

Soupe aux moules

Préparation: 50 à 60 minutes

une pincée de curry
200 g de pommes de terre épluchées et coupées en petits dés
200 g de navets ou de choux-navets épluchés et coupés en petits dés
200 g de filet de flet, de plie (carrelet), de sole ou de turbot
4 à 6 tomates pelées et épépinées
ou 3 cuillerées à soupe de purée de tomates
4 cuillerées à soupe de farine
8 cuillerées à soupe de lait
6 cuillerées à soupe de vin blanc sec
poivre du moulin
3 cuillerées à soupe de persil haché menu

Ingrédients pour 4 à 6 personnes (1 ½ litre):
1 kg de moules
1 oignon moyen grossièrement haché
2 à 4 jeunes carottes
quelques branches de persil
ou de céleri
8 cuillerées à soupe de vinaigre
sel
40 g de beurre
2 gros oignons finement émincés

Préparation:

Lavez les moules 3 ou 4 fois à grande eau, en éliminant celles qui sont entrouvertes. Laissez reposer les moules ½ heure dans de l'eau claire, à laquelle vous aurez ajouté 30 g de sel par litre d'eau. Dans une marmite à fond large, portez 1 litre d'eau à ébullition avec l'oignon, les carottes, le persil, le vinaigre et le sel. Versez les moules dans la marmite à feu très vif pour que l'eau atteigne rapidement le point d'ébullition. Laissez cuire les moules jusqu'à ce qu'elles soient toutes ouvertes. Passez le contenu de la marmite au tamis ou à la passoire et réservez l'eau de cuisson.

Faites dorer les oignons dans le beurre préalablement chauffé. Ajoutez-y le curry, les pommes de terre et les navets. Versez le jus de cuisson des moules dans la marmite et portez le contenu à ébullition. Lavez le poisson et partagez-le en morceaux d'à peu près la même grandeur que les moules. Mettez-les dans la marmite avec les pommes de terre et les légumes. Ajoutez-y les tomates.

Retirez délicatement les moules de leurs coquilles et ajoutez-les au potage dès que les pommes de terre et le poisson sont cuits à point.

Préparez une bouillie légère en mélangeant la farine au lait et versez-la en remuant dans le potage pour le lier. Ajoutez le vin et rectifiez si nécessaire l'assaisonnement en y ajoutant du poivre ou du sel. Mélangez le persil haché au potage juste avant de servir.

Soupe aux moules
Accompagnez cette soupe de pain et de bière. N'oubliez pas que les moules ne sont pas comestibles de mai à août, période de reproduction. L'automne est la période la plus propice à leur consommation. Une fois décembre passé, elles perdent beaucoup de leur saveur.

Potage de gruau
Ce potage se prépare avec du lard et des pommes de terre.

Potage de gruau

Préparation: 45 à 55 minutes

Ingrédients pour 4 personnes (1 litre):
100 g de gruau à cuisson rapide
poivre du moulin, sel
20 g de beurre
200 g de lard maigre fumé coupé en petits dés
200 g de pommes de terre cuites
1 oignon moyen très finement émincé
3 cubes ou 1 ½ tablette de bouillon

1 ½ cuillerée à soupe de fécule de pomme de terre

Principal ustensile de cuisine:
tamis

Préparation:
Versez le gruau dans le tamis et rincez-le à l'eau froide. Portez 5 dl d'eau avec ½ cuillerée à café de sel à ébullition. Versez le gruau dans l'eau bouillante et remuez jusqu'à la reprise de l'ébullition. Couvrez la marmite, baissez la flamme ou

le thermostat de la plaque autant que possible et laissez mollir le gruau durant 25 à 30 minutes. Entre-temps, faites chauffer le beurre et faites-y mijoter le lard jusqu'à ce qu'il soit bien doré et croustillant. Coupez les pommes de terre en tranches de ½ cm d'épaisseur et coupez ces tranches en petits carrés. Ajoutez-les au gruau avec l'oignon émincé, les cubes de bouillon et 4 dl d'eau bouillante, et laissez cuire encore le tout 8 à 10 minutes. Préparez une bouillie légère en mélangeant la fécule de pomme de terre avec un peu d'eau et ajoutez-la au potage pour le lier. Incorporez les lardons au potage, goûtez-le et ajoutez éventuellement un soupçon de poivre.

Potage au tapioca

Préparation: 30 à 40 minutes
Trempage: 30 minutes

Ingrédients pour 4 personnes (1 litre):
60 g de tapioca
le zeste de ¼ de citron
25 g de beurre, 2 jaunes d'œufs
1 gros oignon très finement émincé
2 branches de céleri
4 cubes ou 2 tablettes de bouillon
1 cuillerée à soupe de fécule de pomme de terre
une pincée de noix de muscade
⅛ l de crème fraîche
poivre, sel

Préparation:
Faites tremper le tapioca avec le zeste de citron pendant une demi-heure, en veillant à ce que les grains soient largement recouverts par l'eau froide. Le trempage terminé, retirez le zeste et ajoutez au contenu de la marmite la quantité d'eau chaude nécessaire pour atteindre 9 dl. Portez l'eau avec le tapioca à ébullition en remuant de temps en temps, couvrez la marmite et réduisez le feu.
Chauffez le beurre et faites-y revenir l'oignon. Lavez le céleri, coupez-le en très fines lanières et faites-le rissoler avec l'oignon jusqu'à ce que le céleri soit presque tendre. Ecrasez l'oignon et le céleri à l'aide d'une fourchette, et mélangez cette purée au tapioca avec les cubes de bouillon. Laissez cuire le tout à feu doux, jusqu'à ce que le tapioca soit parfaitement transparent et cuit à point. Battez les jaunes d'œufs en les mélangeant à la fécule de pomme de terre et à la noix de muscade, de manière à obtenir une bouillie légère. Ajoutez-la au potage et remuez jusqu'à ce que la fécule soit à point.

Potage au tapioca
Le tapioca, préparé à partir de fécule extraite de la racine de manioc, est vendu dans les épiceries et dans les magasins diététiques.

35

Potage de gruau aux haricots rouges

Préparation: 2 heures
Trempage: 12 à 24 heures

Ingrédients pour 4 à 6 personnes (1 ¾ litre):
100 g de haricots rouges
100 g d'orge perlé à cuisson rapide
75 g de lard fumé gras coupé menu
1 gros oignon très finement émincé
40 g de saindoux ou de beurre, sel
200 g de saucisse fumée assez grosse
100 g de pommes de terre épluchées
2 gousses d'ail pelées
2 cuillerées à soupe de céleri haché menu
2 cubes ou 1 tablette de bouillon
2 cuillerées à soupe de persil haché menu

Préparation:
Lavez les haricots rouges dans le tamis ou la passoire. Mettez-les sur le feu en veillant à ce que l'eau les recouvre largement et portez à ébullition. Remuez vigoureusement, couvrez la marmite, retirez-la du feu et laissez tremper les haricots au moins 12 heures dans l'eau de cuisson. Ensuite, portez les haricots à ébullition dans l'eau de trempage, que vous allongerez de manière à obtenir 1 litre de liquide. Laissez cuire les haricots jusqu'à ce qu'ils soient presque tendres; à ce moment, ajoutez l'orge perlé avec 2 ½ dl d'eau bouillante et une pincée de sel.
Mélangez le lard et l'oignon émincé. Faites chauffer le saindoux et rissolez-y, en remuant de temps à autre, le lard et l'oignon. Débarrassez la saucisse de sa peau et coupez-la en petits morceaux. Ajoutez ceux-ci au lard et à l'oignon contenus dans la marmite, et faites chauffer le tout à feu doux. Remuez de temps en temps tous les ingrédients. Lavez les pommes de terre,

Potage de gruau aux haricots rouges
Si vous désirez réduire le temps de préparation de ce potage à la fois très nourrissant et fort appétissant, vous utiliserez des haricots rouges en boîte.

râpez-les au-dessus de la marmite avec les haricots et l'orge perlé. Emincez très finement les gousses d'ail et ajoutez l'ail, le lard, l'oignon, la saucisse et le céleri aux haricots et à l'orge.
Versez 2 ½ dl d'eau dans la marmite et ajoutez les cubes ou la tablette de bouillon. Laissez cuire le potage en remuant sans cesse jusqu'à ce que les pommes de terre râpées soient à point. Goûtez la préparation, ajoutez le persil et rectifiez l'assaisonnement si nécessaire.

Soupe paysanne

Préparation: 35 à 45 minutes

Ingrédients pour 4 à 6 personnes (1 ½ litre):
150 g de lard maigre fumé
50 g de saindoux ou de beurre
1 kg de pommes de terre
2 gros oignons émincés
2 grosses tiges de poireaux
100 g d'épinards frais ou de mâche
2 à 4 jeunes carottes émincées

1 l de bouillon de viande
½ bouquet de céleri
2 cuillerées à soupe de fécule de maïs
une pincée de noix de muscade râpée
une pincée d'aneth en poudre
une pincée de marjolaine en poudre
4 cuillerées à soupe de lait ou de crème
3 œufs durs écalés, poivre du moulin

Principaux ustensiles de cuisine:
tamis ou grande passoire, passe-vite ou mixeur, coupe-œufs

Préparation:

Coupez le lard aussi menu que possible et faites-le fondre lentement dans le saindoux. Entre-temps, lavez les pommes de terre et coupez-les en petits dés. Retirez les lardons de la casserole, éliminez autant que possible la graisse que contient le lard et réservez ce dernier quelque temps à couvert. En remuant régulièrement, faites revenir les oignons dans la graisse du lard, mais évitez de les dorer.

Entre-temps, lavez les poireaux et coupez les tiges en petites rondelles de 2 à 3 cm. Défaites-les en anneaux séparés. Lavez une seconde fois et égouttez-les dans le tamis ou la passoire.

Lavez les épinards et, après avoir mis les poireaux dans la casserole avec l'oignon, laissez égoutter les épinards. Ajoutez les carottes à l'oignon et aux poireaux. Laissez cuire le tout à l'étouffée pendant 5 minutes. Ajoutez alors les pommes de terre en dés ainsi que les épinards,

avec la moitié du bouillon. Portez le contenu de la casserole à ébullition et maintenez l'ébullition à feu doux. Lavez le céleri et coupez-le ou hachez-le aussi menu que possible. Contrôlez si les pommes de terre sont cuites à point. Passez le contenu de la marmite au tamis ou réduisez le tout en purée à l'aide du mixeur.

Portez le restant du bouillon à ébullition.

Ajoutez la purée de légumes au bouillon en ébullition, remuez jusqu'à la reprise de l'ébullition et ajoutez le céleri. Continuez la cuisson du potage à feu doux. Préparez une bouillie légère en mélangeant la fécule de maïs au lait, assaisonné de noix de muscade, d'aneth et de marjolaine ou, au lieu de ces condiments, assaisonné de ½ cuillerée à café de cumin ou de carvi en poudre. Incorporez cette bouillie au potage en remuant. Coupez les œufs durs en tranches, disposez-les au fond des assiettes creuses ou mélangez-les au potage juste avant de servir.

Potage purée au riz

Préparation: 30 à 40 minutes

Ingrédients pour 4 à 6 personnes (1 ¾ litre):
3 cuillerées à soupe d'huile
1 gros oignon très finement émincé
1 grosse gousse d'ail très finement émincée
10 grosses tomates épluchées et épépinées
ou 140 g de purée de tomates
6 cubes de bouillon de légumes
60 g de riz
½ feuille de laurier
180 g de haricots verts
une pincée de marjolaine
poivre du moulin
sel
6 cuillerées à soupe de fromage vieux râpé

Préparation:

Faites chauffer l'huile, faites-y dorer l'oignon et l'ail.

Ajoutez-y les tomates coupées en morceaux ou en tranches ou la purée de tomates ainsi que 4 dl d'eau chaude et les cubes de bouillon.

Versez 1 litre d'eau bouillante dans la marmite, ajoutez-y le riz et remuez jusqu'à ébullition. Ajoutez alors la demi-feuille de laurier, couvrez la marmite et laissez cuire le riz à point à feu doux.

Coupez les haricots verts en morceaux de grandeur à peu près égale, retirez le laurier de la marmite et mettez-y les haricots et la marjolaine.

Maintenez la cuisson à feu doux. Contrôlez au bout de 8 à 10 minutes si les haricots sont tendres.

Assaisonnez le potage à l'aide de poivre ou de sel, en tenant toutefois compte du fait que le fromage est déjà assez salé. Mélangez le fromage râpé au potage juste avant de servir.

Potage purée au riz
Un potage végétarien à base de riz et de haricots. Il se prépare en un minimum de temps si l'on utilise du riz à cuisson rapide et des haricots en boîte.

Potage aux haricots rouges

Préparation:
1 heure à 1 heure 20
Trempage: 12 à 24 heures

Ingrédients pour 4 à 8 personnes (2 litres):
400 g de haricots rouges
4 cubes ou 2 tablettes de bouillon
1 gros oignon finement émincé
1 grosse branche de céleri à côtes finement coupée
2 cuillerées à soupe de céleri haché menu
1 petite feuille de laurier
3 clous de girofle
1 petit oignon pelé
une bonne pincée de poivre
une pincée de marjolaine
40 g de saindoux ou de beurre
200 g de lard fumé maigre coupé en petits cubes
½ céleri-rave de petite taille
1 petit poireau
sel

Principal ustensile de cuisine:
pilon ou mixeur

Préparation:
Lavez les haricots. Portez 1 litre d'eau à ébullition. Mettez les haricots dans la marmite et remuez jusqu'à la reprise de l'ébullition. Couvrez la marmite, retirez-la du feu et laissez tremper les haricots pendant au moins 12 heures. Portez les haricots à ébullition dans leur eau de trempage à laquelle vous aurez ajouté les cubes de bouillon, l'oignon, le céleri à côtes et le céleri-rave. Piquez la feuille de laurier à l'aide des clous de girofle dans le petit oignon pelé et mettez-le dans la marmite avec le poivre et la marjolaine.

Laissez cuire les haricots à feu doux jusqu'à ce qu'ils soient à point. Faites chauffer le saindoux ou le beurre, faites-y fondre le lard très lentement en le retournant de temps en temps. Coupez le céleri-rave en tranches de 1 cm d'épaisseur. Pelez les tranches et coupez-les ensuite en petits dés. Ajoutez-les au lard.

Retirez l'oignon avec la feuille de laurier et les clous de girofle de la marmite.

Coupez le poireau en très fines lanières, lavez-les et mettez-les avec le lard et les cubes de céleri-rave dans la marmite contenant les haricots rouges. Broyez les haricots au pilon ou servez-vous du mixeur pour les réduire en purée. Délayez le potage avec ½ litre d'eau bouillante et portez-le à ébullition en remuant vigoureusement jusqu'à ce qu'il soit bien lié.

Goûtez le potage et rectifiez éventuellement l'assaisonnement.

Potage aux haricots rouges
En utilisant des haricots précuits en boîte ou en bocal, la préparation de ce potage très nourrissant peut être réduite à quelque 40 minutes.

Potage crème au curry

Préparation: 1 heure
Temps de repos: 12 à 24 heures

Ingrédients pour 4 personnes (1 litre):
500 g de veau ou de poulet en hachis
250 g d'os de veau
½ oignon moyen grossièrement haché
quelques branches de céleri
4 grains de poivre ou poivre du moulin
sel
40 g de riz à cuisson rapide
½ à ¾ de cuillerée à soupe de curry
2 cuillerées à soupe de fécule de maïs
6 cuillerées à soupe de lait ou de crème

Principaux ustensiles de cuisine:
écumoire, tamis ou grande passoire

Préparation:
Lavez le hachis et l'os à l'eau tiède. Mettez-les ensuite sur le feu avec 1 ½ litre d'eau bouillante, l'oignon, le céleri, le poivre et le sel. Faites reprendre l'ébullition à feu vif, puis passez le contenu de la marmite à l'écumoire. Réduisez le feu et laissez cuire la viande à point.

Versez le contenu de la marmite à travers le tamis ou la passoire dans un autre récipient. Couvrez et laissez reposer le bouillon pendant 12 à 24 heures au frais. Coupez ensuite la viande en morceaux de grandeur égale. Lavez le riz, dégraissez le bouillon, versez-y le riz et portez-le à ébullition. Mettez ensuite la viande dans la marmite.

Contrôlez au bout de 10 à 18 minutes si le riz est cuit à point. Préparez une bouillie légère en mélangeant bien le curry, la fécule de maïs, le lait et un peu d'eau.

Versez cette bouillie dans le potage et laissez cuire encore quelques instants. Rectifiez éventuellement l'assaisonnement en ajoutant poivre et sel selon le goût.

Potage purée au jambon

On peut accompagner ce potage fort nourrissant de pain complet ou de pain bis et de fromage râpé.

Potage purée au jambon

Préparation: 40 à 50 minutes

Ingrédients pour 4 à 6 personnes (1 ¾ litre):
50 g de saindoux ou de beurre
2 oignons moyens finement émincés
2 tiges de céleri à côtes
200 g de jambon gras coupé en fines tranches
100 g de macaroni brisé
4 cubes ou 2 tablettes de bouillon
100 g de pommes de terre épluchées
200 g de haricots rouges
poivre, sel

Principal ustensile de cuisine:
râpe à légumes

Préparation:
Faites revenir et dorer l'oignon dans le saindoux préalablement chauffé. Lavez le céleri à côtes et coupez-le en lanières très fines.
Faites-le dorer avec l'oignon, en remuant régulièrement.
Coupez les tranches de jambon en menus morceaux, mélangez-les au contenu de la marmite et ajoutez-y 1 ½ litre d'eau bouillante.
Ajoutez ensuite le macaroni et les cubes de bouillon en remuant jusqu'à ébullition du liquide.
Mettez le couvercle sur la marmite et baissez le feu.
Râpez les pommes de terre. Versez-les avec les haricots rouges dans la marmite et portez à ébullition en remuant sans cesse.
Vérifiez si le macaroni et les pommes de terre, qui servent à lier le potage, sont cuits à point.
Goûtez le potage et ajoutez-y du poivre ou du sel, selon le goût. Servez le potage aussi chaud que possible.

Potage aux lentilles

Préparation:
1 heure à 1 heure 20
Trempage: 8 à 12 heures

Ingrédients pour 4 à 6 personnes (1 ½ litre):
150 à 200 g de lentilles
1 oignon grossièrement haché
1 petite feuille de laurier
une pincée de clous de girofle en poudre
quelques branches de thym et de persil
ou de céleri
1 petit navet, un chou-navet
ou un morceau de céleri-rave
1 poireau de grosseur moyenne
1 petit bulbe de fenouil
6 cuillerées à soupe d'huile (de préférence de maïs ou de tournesol)
poivre du moulin
sel
4 tranches de pain rassis
5 cuillerées à soupe de beurre
3 cuillerées à soupe de céleri finement haché

Préparation:

Lavez les lentilles, mettez-les sur le feu dans 1 litre d'eau bouillante. Faites reprendre l'ébullition en remuant, couvrez la casserole et retirez-la du feu.

Laissez tremper les lentilles durant 8 heures au moins. Portez-les ensuite à ébullition dans l'eau de trempage, à laquelle vous aurez ajouté l'oignon, la feuille de laurier, le clou de girofle en poudre, le thym et le persil ou le céleri.

Remuez le tout vigoureusement, couvrez la casserole et baissez le feu. Entre-temps, épluchez le navet ou le chou-navet, coupez-le en tranches et partagez celles-ci en petits cubes. Coupez menu le poireau et le fenouil, et lavez ces légumes. Faites chauffer l'huile, secouez les légumes pour les débarrasser de l'excédent d'eau et faites-les cuire à l'étouffée à feu très doux, dans une casserole couverte. Vérifiez si les lentilles sont presque tendres et retirez de la casserole la feuille de laurier et les branches de thym et de persil. Ajoutez-y les légumes étuvés et ½ litre d'eau bouillante. Laissez mijoter le tout à feu doux jusqu'à ce que les légumes soient cuits à point. Passez ensuite le potage au tamis ou servez-vous du mixeur.

Faites à nouveau chauffer le potage, en remuant. Beurrez alors les deux côtés des tranches de pain, rissolez-les lentement jusqu'à ce qu'elles soient bien dorées et coupez-les en dés. Mélangez le céleri au potage.

Potage aux lentilles et au hachis

En guise de variation, vous pouvez procéder de la manière suivante: laissez cuire à point les lentilles trempées avec un oignon moyen émincé et une gousse d'ail que vous aurez fait revenir dans 40 g de beurre. Ensuite, rissolez dans 30 g de beurre 250 g de hachis de bœuf ou de hachis mixte, jusqu'à ce qu'il présente une belle coloration brune et un aspect granuleux. Ajoutez-y 70 g de purée de tomates, une pincée de thym ou de poivre de Cayenne. Ajoutez le jus de cuisson des lentilles à tous ces ingrédients ainsi que 3 cubes ou 1 ½ tablette de bouillon. Entre-temps, passez les lentilles au tamis ou broyez-les à l'aide du mixeur ou de la moulinette. Ajoutez en remuant la purée de lentilles au mélange de hachis, de purée de tomates et de condiments. Portez le contenu de la casserole à ébullition en remuant afin d'obtenir un potage bien lié.

Potage aux lentilles

Un potage aux lentilles végétarien, très nourrissant, qui se sert de préférence accompagné de petits croûtons de pain cuits au beurre.

Potage purée aux pois

Préparation:
1 heure 40 à 1 heure 50
Trempage: 8 à 12 heures

Ingrédients pour 4 à 6 personnes (2 litres):
400 g de pois verts
2 oignons moyens émincés
2 gros poireaux
un bouquet d'un céleri
1 petit céleri-rave
ou 4 branches de céleri à côtes
2 pieds de porc ou côtelettes de porc
poivre du moulin, sel
une pincée de thym
une pincée de clous de girofle en poudre
1 petite feuille de laurier
100 g de pommes de terre en petits dés
1 saucisse fumée (225 g)
un morceau de lard fumé maigre (150 g)
1 cube de bouillon
4 à 6 cuillerées à soupe de persil
ou de céleri haché menu

Potage purée aux pois

En général, ce potage aux pois assez épais est considéré comme un repas complet. Dans ce cas, on prévoit environ un demi-litre par personne. Servez-le accompagné de pain de seigle garni de moutarde et d'une tranche de lard.

Préparation:

Lavez les pois. Portez 1 ½ litre d'eau à ébullition, ajoutez-y les pois et remuez jusqu'à la reprise de l'ébullition. Couvrez la casserole, retirez-la du feu et laissez tremper les pois pendant 8 heures au moins.

Vous pouvez aussi employer des pois cassés; dans ce cas, lavez-les à l'eau tiède et ne les laissez tremper que 1 heure à 1 ½ heure.

Laissez les pois dans l'eau de trempage et portez-les à ébullition, avec les oignons, en remuant de temps en temps. Lavez le poireau, le céleri, le céleri à côtes ou le céleri-rave et coupez ces légumes en petits morceaux. Mélangez-les en remuant bien aux pois en ébullition.

Lavez les pieds de porc ou les côtelettes de porc à l'eau bouillante et ajoutez-les avec du poivre, le thym, le clou de girofle en poudre et la feuille de laurier, aux pois et autres légumes. Puis, ajoutez encore ½ litre d'eau bouillante salée avec 2 cuillerées à soupe de sel.

Laissez cuire les pois à feu doux, en remuant de temps en temps pour éviter qu'ils brûlent. Quand les pois sont presque cuits à point, ajoutez-y les pommes de terre, la saucisse fumée et le lard coupés en dés, et laissez mijoter le tout pendant 15 à 20 minutes.

Vérifiez alors si tous les ingrédients sont cuits à point. Retirez les pieds ou les côtelettes de porc, la saucisse et le lard du potage. Remuez vigoureusement le contenu de la marmite afin d'obte-

nir un potage purée bien lisse, ou réduisez le tout en purée à l'aide du pilon ou du mixeur.

Décollez la viande de l'os et remettez la viande dans le potage.

Saisissez la saucisse fumée sous un jet d'eau froide et débarrassez-la de sa peau. Coupez la saucisse en tranches et mettez celles-ci dans le potage. Coupez le lard en tranches plus fines et servez celles-ci séparément, accompagnées de pain de seigle ou de pain bis.

Goûtez le potage, ajoutez éventuellement un cube de bouillon avec, selon le goût, un peu de poivre ou de sel. Pour terminer, ajoutez en remuant le persil haché à ce potage purée aux pois.

Les viandes

Rosbif
Bifteck
Rôti de bœuf à la sauce au porto
Viande de bœuf aux aromates
Culotte de bœuf lardée
Bœuf bouilli aux légumes
Escalopes de porc à l'étuvée
Potée à la graisse de rognons et aux lardons
Côtes de porc braisées aux haricots
Agneau cuit aux pruneaux
Poitrine de veau farcie
Pain de viande
Pis de vache poêlé
Queue de bœuf panée
Haché à la flamande
Ragoût
Ragoût de restes de viande
Terrine vinaigrette
Langue de bœuf à la sauce madère
Rognons de veau au beurre maître d'hôtel
Ragoût de rognons
Foie de veau ou de porc aux pommes
Lard maigre gratiné avec chou braisé
Boulettes grand-mère

Rosbif

Tout comme le filet de bœuf, le rosbif ou rôti de bœuf ne sera bien réussi que si l'intérieur de la viande reste cru et rouge après la cuisson.

Rosbif

Préparation: 20 à 25 minutes

Ingrédients pour 8 à 10 personnes:
1 kg de rosbif, découpé dans la tranche grasse, l'aloyau ou le paleron
poivre du moulin, sel
6 cuillerées à soupe d'huile
60 g de beurre

Préparation:
Achetez un morceau de rosbif d'au moins 6 cm de hauteur et qui soit partout d'épaisseur à peu près égale. Poivrez et salez le rosbif. Faites chauffer l'huile dans une grande cocotte. Mettez la viande dans la cocotte et retournez-la, à l'aide de deux cuillères, dès que la partie cuite a pris une belle couleur dorée.
Ajoutez de temps en temps une petite noix de beurre pour éviter que le jus ne brûle. Faites cuire la viande à feu assez vif, de façon qu'elle soit bien dorée de toutes parts en quelque 25 minutes maximum.
Evitez de piquer la viande avec une fourchette et ajoutez régulièrement un peu d'eau chaude, versée prudemment le long de la paroi de la cocotte, pour que le jus ne devienne pas trop foncé. Quand l'extérieur de la viande présente partout une belle coloration brune, retirez-la de la cocotte; à ce moment, le rosbif sera encore d'un beau rouge à l'intérieur. Si la viande doit être servie chaude, ne la découpez pas avant de l'avoir laissé quelque peu refroidir; en effet, si vous la découpiez immédiatement à sa sortie de la cocotte, elle perdrait trop de jus et deviendrait trop sèche. Ajoutez, en remuant, de l'eau bouillante au jus jusqu'à ce que ce dernier présente, dans une cuillère à sauce, une proportion de $1/3$ de graisse pour $2/3$ de liquide foncé.

Bifteck

Préparation: 15 à 20 minutes

Ingrédients pour 4 personnes:
4 biftecks de 100 à 150 g
125 g de beurre
sel
poivre du moulin
8 cuillerées à soupe de lait chaud
ou de crème

Préparation:
Disposez la viande sur du papier absorbant et séchez les biftecks en les tamponnant délicatement avec le papier.
Faites fondre la moitié du beurre dans la sauteuse et mettez-y les biftecks.
Faites sauter les biftecks à feu vif jusqu'à ce qu'ils soient bien dorés des deux côtés. Pendant la cuisson, pressez, avec la face bombée d'une cuillère ou avec une spatule, la viande tout contre le fond de la sauteuse. Ne piquez jamais le bifteck avec une fourchette. Pour rissoler un bifteck de bœuf, de veau ou de cheval, il faut compter 8 à 10 minutes, alors qu'il en faut 10 à 15 pour un bifteck de porc.
Ajoutez le reste du beurre en petits morceaux au fur et à mesure que le beurre de friture commence à noircir.
Poivrez et salez le bifteck après l'avoir retiré de la sauteuse.
Disposez les biftecks sur un plat préchauffé. A l'aide d'une fourchette, décollez le gratin du fond de la sauteuse. Ajoutez-y éventuellement une noix de beurre, faites-le dorer légèrement et versez 3 cuillerées d'eau dans la sauteuse. Laissez l'eau s'évaporer. Ensuite, versez, en remuant bien, le lait ou la crème par petites quantités dans la sauteuse et décollez en même temps le gratin du fond de la sauteuse. Ajoutez enfin encore un peu d'eau bouillante à la sauce, salez et poivrez-la, et servez les biftecks dans cette sauce, à moins que vous ne préfériez la présenter séparément dans une saucière rincée préalablement à l'eau bouillante.

Bifteck
Un bifteck bien cuit, servi avec la sauce faite à base de lait ou de crème, s'accompagne de préférence de pommes de terre vapeur persilées.

Rôti de bœuf à la sauce au porto

Préparation: 2 heures
Trempage: 8 à 12 heures

Ingrédients pour 8 personnes:
250 g de fruits secs
un rôti de bœuf de 800 à 1 000 g
poivre du moulin, sel
farine, 150 g de beurre
2 gros oignons très finement émincés
le zeste mince d'un citron
40 g de farine, 10 g de fécule de maïs
2 ½ dl de bouillon, 60 à 80 g de sucre
8 cuillerées à soupe de porto rouge

Rôti de bœuf à la sauce au porto
Ce plat de viande s'accompagne d'une sauce brune et de fruits secs.

5 cuillerées à soupe de fécule de pomme de terre

Préparation:
Lavez soigneusement les fruits secs, d'abord à l'eau tiède, ensuite à l'eau froide. Portez ½ litre d'eau à ébullition, mettez-y les fruits secs et faites reprendre l'ébullition. Couvrez la casserole, retirez-la du feu et laissez tremper les fruits. Poivrez et salez la viande. Passez-la dans la farine et laissez-la reposer quelque temps. Faites bien chauffer 60 g de graisse ou de beurre dans une casserole. Roulez la viande dans la matière grasse pour la saisir. Faites ensuite cuire la viande, en ajoutant de temps à autre un peu d'eau ou de beurre, jusqu'à ce qu'elle soit bien dorée de toutes parts. Mettez alors l'oignon émincé dans la casserole. Quand la viande a rôti pendant un peu plus d'une heure, vous porterez l'eau de trempage avec les fruits secs et le zeste du citron lentement à ébullition.

Retirez temporairement la viande de la poêle en vous servant de deux cuillères. Faites chauffer, en remuant continuellement, le reste de graisse ou de beurre dans la poêle jusqu'à ce que l'oignon soit bien doré. Jetez la farine en pluie dans la graisse et remuez jusqu'à ce que la farine prenne une couleur marron. Faites la même chose avec la fécule de maïs. Quand cette dernière est bien dorée, versez le bouillon dessus; attention à la vapeur. Ajoutez le porto rouge et suffisamment d'eau chaude pour obtenir une sauce lisse et peu épaisse; portez-la à ébullition. Mettez la viande dans cette sauce, baissez le feu, couvrez la casserole et laissez cuire la viande environ 1 heure encore jusqu'à ce qu'elle soit tout à fait à point. Entre-temps, les fruits secs seront cuits à point; versez-les dans le tamis et retirez le zeste de citron.

Mesurez le jus de cuisson et allongez-le avec de l'eau chaude jusqu'à 4 dl. Mélangez la fécule de pomme de terre avec 7 cuillerées à soupe d'eau de façon à obtenir une bouillie lisse avec laquelle vous allez lier le jus de cuisson. Ajoutez alors les fruits secs que vous aurez sucrés à votre goût. Contrôlez si la viande est cuite à point; pour cela, pressez le côté d'une cuillère sur la viande et piquez avec une fourchette juste au-dessus de la cuillère. Si le jus de viande est de couleur rosée, le temps de cuisson doit être prolongé. Un jus grisâtre indique que la viande est cuite à point. Laissez refroidir la viande 6 à 8 minutes avant de la découper. Servez la sauce et les fruits secs dans un autre plat.

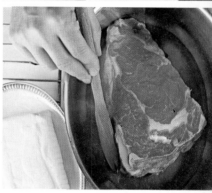

Viande de bœuf aux aromates

Préparation: 20 à 25 minutes
Marinade: 12 heures
Cuisson au four: 2 heures

Ingrédients pour 6 à 8 personnes:
un rôti de bœuf de 800 g
1 oignon moyen coupé en fines tranches
2 petites feuilles de laurier
½ cuillerée à café de feuilles de thym séchées
une bonne pincée de romarin
3 clous de girofle
6 grains de poivre concassés
2 cuillerées à soupe de sel
2 dl de vinaigre aromatisé
2 dl d'huile
40 g de beurre

Principaux ustensiles de cuisine:
plat à four, four (250°C), tamis

Préparation:
Mettez la viande avec l'oignon, les feuilles de laurier, le thym, le romarin, les clous de girofle, du poivre et du sel dans une terrine ayant à peu près la même grandeur que la pièce de viande.

Battez le vinaigre en le mélangeant avec 4 cuillerées à soupe d'huile et versez ce liquide sur la viande.

Couvrez la terrine et laissez mariner la viande au frais pendant 12 heures; retournez-la de temps en temps pour bien l'imprégner de marinade.

Un quart d'heure avant de commencer le rôtissage, glissez la lèchefrite dans le four à mi-hauteur, ou un peu plus haut.

Retirez la viande de la marinade et essuyez-la avec un linge ou du papier absorbant. Faites chauffer le reste de l'huile dans le plat à four sur la cuisinière. Faites saisir la pièce de viande rapidement dans le plat à four pour que les pores se referment. Ensuite, glissez le plat à l'intérieur du four. Retournez de temps en temps la viande. Ajoutez le beurre, par petites noix, lorsque la sauce risque de devenir trop foncée et laissez cuire la viande jusqu'à ce qu'elle soit parfaitement à point. Tamisez la marinade et versez-la par petites quantités dans le plat à four dès que la viande est bien colorée.

Ne découpez la viande que 5 à 8 minutes après sa cuisson pour éviter que trop de jus ne se perde.

Viande de bœuf aux aromates
Quelques phases de la préparation: De haut en bas: Versez le vinaigre et l'huile sur la viande, et ajoutez l'oignon et les aromates. Après l'avoir laissée mariner, essuyez la viande et faites-la rôtir.

Culotte de bœuf lardée

Quelques phases de la préparation: De haut en bas: Versez le vin rouge sec sur la viande et ajoutez les légumes et les aromates. Essuyez la viande mari- née et passez-la dans la farine. Faites- la revenir et dorer de toutes parts, puis laissez-la mijoter jusqu'à ce qu'elle soit cuite à point.

Culotte de bœuf lardée

Préparation: 2 heures
Marinade: 10 à 12 heures

Ingrédients pour 6 à 10 personnes:
*50 g de lard gras de ½ cm d'épaisseur
en une tranche
1 kg d'aloyau ou de culotte de bœuf
½ l de vin rouge sec
1 branche de céleri à côtes coupée menu
2 petites carottes émincées
1 gros oignon grossièrement haché
5 grains de poivre concassés
2 petites feuilles de laurier
3 clous de girofle, 100 g de beurre
une bonne pincée de noix de muscade râpée
1 cuillerée à soupe de sel
5 cuillerées à soupe de farine
5 cuillerées à soupe d'huile*

Principaux ustensiles de cuisine:
lardoire, tamis

Préparation:
Découpez le lard en longues lanières étroites et introduisez celles-ci, à l'aide de la lardoire, dans la viande. Mettez la viande dans une terrine, versez assez de vin sur la viande pour qu'elle en soit recouverte et ajoutez-y le céleri, les carottes, l'oignon, le poivre, le laurier, les clous de giro- fle, la noix de muscade et le sel.

Mettez la viande à couvert au réfrigérateur pendant 10 heures ou davantage et retournez-la de temps en temps. Retirez ensuite la viande de la marinade et séchez-la en la tapotant à l'aide d'un linge ou de papier absorbant. Roulez la viande dans la farine. Faites chauffer l'huile. Faites-y revenir la viande rapidement sur toutes ses faces, puis poêlez-la jusqu'à ce qu'elle soit partout bien dorée. Versez le reste de farine dans la casserole et ajoutez-y le beurre. Passez la marinade au tamis et versez-la dans la casserole, par petites quantités à la fois, dès que la farine et le beurre ont pris une belle couleur brune.

Portez la sauce à ébullition, couvrez la casserole et, après avoir baissé le feu, laissez mijoter la viande jusqu'à ce qu'elle soit à point.

Contrôlez l'état d'avancement de la cuisson. Laissez refroidir la viande 6 à 8 minutes avant de la découper en tranches de l'épaisseur d'un doigt.

Bœuf bouilli aux légumes

Préparation: 1 heure
Cuisson: 2 heures

Ingrédients pour 6 à 8 personnes:
750 à 800 g de tournedos entrelardé
poivre du moulin, sel
50 g de beurre, 1 gros oignon émincé
2 branches de céleri à côtes très finement émincées
2 cuillerées à soupe de cognac
¾ l de lait
une pincée de cannelle
une pincée de noix de muscade en poudre
4 cubes ou 1 tablette de bouillon
le zeste râpé de 1 citron
300 g de carottes émincées
300 g d'oignons pelés ou en gros morceaux
420 g de fèves des marais, 1 jaune d'œuf
1 cuillerée à soupe de jus de citron

Préparation:
Salez et poivrez la viande. Faites chauffer le beurre, laissez blondir l'oignon, ajoutez le céleri et laissez-le mijoter jusqu'à ce qu'il soit tendre. Mettez la viande dans la casserole, à feu modéré, et retournez-la plusieurs fois jusqu'à ce qu'elle prenne une couleur grisâtre; arrosez-la alors de cognac. Couvrez la casserole et laissez mijoter la viande pendant 15 minutes. Faites frémir le lait. Saupoudrez la viande de la cannelle et de la noix de muscade, et versez le lait dans la casserole. Ajoutez-y également le cube ou la tablette de bouillon, portez le lait à ébullition et laissez-le cuire ensuite 2 heures à feu très doux. Pendant ce temps, retournez la viande 3 ou 4 fois. Retirez la viande de la casserole et passez le contenu de celle-ci au tamis. Versez le liquide recueilli dans la casserole et ajoutez-y en remuant les carottes et le zeste du citron. Remettez la viande dans la casserole. Au bout de 5 à 10 minutes (les carottes d'hiver demandent un peu plus de temps pour être cuites à point), ajoutez-y les oignons coupés en morceaux. Faites cuire le tout à point et contrôlez de temps en temps si la viande est à point. Ajoutez les fèves des marais à la viande et aux légumes pour les chauffer. Disposez ensuite la viande sur un plat de service préchauffé, retirez les légumes de la casserole à l'aide de l'écumoire et disposez-les autour de la viande. Battez le jaune d'œuf en y mélangeant 2 cuillerées à soupe d'eau et un peu de jus provenant de la casserole. Ajoutez alors, en battant fermement, le jaune d'œuf au contenu de la casserole. Incorporez-y le jus de citron et ajoutez-y éventuellement du poivre ou du sel. Servez la sauce à part dans une saucière rincée au préalable à l'eau bouillante.

Bœuf bouilli aux légumes
Accompagnez ce plat de pommes de terre persilées.

49

Escalopes de porc à l'étuvée

Préparation:
1 heure 10 à 1 heure 25

Ingrédients pour 6 à 8 personnes:
750 g d'escalopes de porc entrelardées
gingembre en poudre
poivre du moulin
sel
40 g de farine
40 g de saindoux
100 g de lard maxillaire émincé
1 gros oignon très finement émincé
1 gousse d'ail
une bonne pincée de marjolaine
une petite pincée de thym
50 g de beurre
2 cuillerées à soupe de farine
ou de fécule de maïs
3 cuillerées à soupe de vin blanc sec
ou 1 cuillerée à soupe de vinaigre
2 ½ dl de jus de tomates

Préparation:
Essuyez la viande à l'aide d'un linge ou de papier absorbant et saupoudrez-la ensuite de gingembre, de poivre et de sel.
Utilisez la face bombée d'une cuillère pour bien faire pénétrer ces aromates dans la viande. Saupoudrez-la ensuite de farine et veillez à ce que celle-ci adhère bien.
Faites chauffer le saindoux, mettez-y les petits morceaux de lard que vous ferez fondre lentement en les retournant régulièrement mais en évitant de les faire colorer.
En fin d'opération, ajoutez l'oignon et l'ail, et faites-les sauter rapidement. Incorporez la marjolaine et le thym au saindoux avec l'oignon et l'ail. Ajoutez ensuite le beurre et mettez les escalopes de porc dans la casserole dès que le beurre est bien chauffé.
Faites rissoler la viande sur les deux faces, baissez ensuite le feu et mettez le couvercle sur la casserole. Mélangez la farine avec le vin et le jus de tomates. Versez ce mélange sur la viande dans la casserole, et portez le liquide à ébullition à feu très vif.
Tournez et retournez les escalopes de porc dans cette sauce, et baissez de nouveau le feu dès que la sauce est bien répartie sur l'ensemble de la viande. Laissez mijoter la viande; contrôlez la cuisson au bout de 50 à 60 minutes en goûtant un morceau de viande.
Goûtez aussi la sauce et rectifiez éventuellement l'assaisonnement à l'aide d'aromates, de poivre ou de sel et servez la viande dans la sauce.

Escalopes de porc à l'étuvée
Servi avec une purée de pommes de terre, ce plat de viande est extrêmement savoureux.

Potée à la graisse de rognons et aux lardons

Préparation: 20 à 30 minutes

Ingrédients:
1 kg de graisse de rognons de bœuf
ou éventuellement de saindoux
1 dl de lait

Principaux ustensiles de cuisine:
hache-viande, tamis métallique, pot de grès ou plat creux émaillé

Préparation:
A l'aide d'un couteau bien aiguisé, coupez la viande en petits dés ou passez-la dans le hache-viande.
Mettez la graisse, éventuellement avec le lait, dans une casserole en fonte, couvrez-la et laissez fondre la graisse à feu très doux. Retirez le couvercle dès que la graisse a fondu.
Faites fondre la graisse de telle manière que sa couleur ne change pas et qu'elle ne prenne pas un goût de rôti; si vous cuisinez au gaz, mettez un diffuseur de chaleur sur la flamme.
Brassez de temps en temps la graisse fondue.
Retirez la casserole du feu, laissez refroidir la graisse dès que les lardons, les petits morceaux solides qui ne fondent pas, sont bien dorés.
Posez le tamis sur le pot de grès et versez-y le contenu de la casserole.
Exprimez, à l'aide de la face bombée d'une cuillère à sauce, autant que possible la graisse contenue dans les lardons. Laissez coaguler la graisse et gardez le pot bien fermé dans un endroit frais.
Utilisez cette graisse moitié-moitié avec du beurre pour le rôtissage de viandes dont la recette prévoit du beurre.
Servez les lardons, chauds ou froids, et saupoudrés d'un peu de sel, sur du pain de seigle ou du pain bis.
Vous pouvez également les incorporer à une ratatouille.

Côtes de porc braisées aux haricots
Suivi de fruits, ce plat, qui peut très bien se préparer la veille, forme un repas complet.

Côtes de porc braisées aux haricots

Préparation: 25 à 30 minutes
Trempage: 12 à 24 heures
Cuisson: 1 heure 10 à 1 heure 30

Ingrédients pour 4 personnes:
*250 g de haricots communs
ou de haricots blancs
1 ¼ kg de côtes de porc
gingembre en poudre
clous de girofle en poudre
poivre du moulin, sel
5 cuillerées à soupe d'huile
2 petites feuilles de laurier
une bonne pincée de graines d'anis
ou d'anis en poudre
une bonne pincée de graines de fenouil
ou de fenouil en poudre
une pincée de cannelle en poudre
3 cuillerées à soupe de xérès*

*3 cuillerées à soupe de sauce tomate
1 gros oignon très finement émincé
1 cuillerée à soupe de cassonade
250 g de jeunes carottes
ou de carottes d'hiver
3 branches de céleri blanc, 2 gousses d'ail*

Principaux ustensiles de cuisine:
pinceau, plat rectangulaire ou casserole ou terrine allant au four, four (280°C et 200°C), tamis ou passoire, écumoire

Préparation:
Lavez les haricots et laissez-les tremper (voir p. 106). Mettez-les cuire à feu modéré dans ¾ de litre de l'eau de trempage légèrement salée.
Frottez les côtes de porc vigoureusement avec un mélange de gingembre et de clous de girofle en poudre, de poivre et de sel. Préchauffez le four.

Enduisez d'huile le fond de la casserole, du plat à rôtir ou de la terrine et disposez-y les côtes de porc. Faites chauffer le reste de l'huile et versez-le sur la viande. Posez les feuilles de laurier sur la viande. Glissez la grille dans le four, un peu plus haut que la mi-hauteur, et placez la viande sur la grille.

Préparez une bouillie légère en mélangeant les graines d'anis et de fenouil, la cannelle en poudre, le gingembre en poudre, les clous de girofle en poudre, le xérès, la sauce tomate et 12 cuillerées à soupe d'eau. Retournez les côtes dès que la face supérieure est bien colorée. Dès que

l'autre face est dorée, ajoutez l'oignon et l'ail finement émincés. Jetez le sucre en pluie sur la viande et recouvrez les côtes du mélange de xérès et de sauce tomate. Réduisez la température du four de 280 à 200°C.

Nettoyez les carottes et le céleri, coupez ces légumes en bâtonnets et laissez-les cuire une dizaine de minutes avec les haricots.

Dressez les côtes avec les légumes sur un plat de service. Versez la sauce de la viande et le jus de cuisson des légumes dans une poêle, et rectifiez éventuellement l'assaisonnement. Servez la sauce à part avec la viande et les haricots.

Agneau cuit aux pruneaux

Préparation:
1 heure 10 à 1 heure 40
Trempage: 8 à 10 heures

Ingrédients pour 4 à 6 personnes:
400 g de pruneaux
4 dl de thé fort, 3 clous de girofle
1 bâton de 5 cm de cannelle
600 g de gigot de mouton ou d'épaule d'agneau désossé(e)
1 gros oignon grossièrement coupé
1 grosse carotte émincée

quelques branches de persil et de céleri
3 cubes de bouillon, 1 ½ dl de porto rouge
4 cuillerées à soupe de fécule de pomme de terre
½ pot de confiture de cassis

Principaux ustensiles de cuisine:
ficelle de cuisine, tamis ou passoire

Préparation:
Lavez les pruneaux, d'abord à l'eau tiède, ensuite à l'eau froide, et laissez-les tremper dans le thé encore chaud, avec la cannelle et les clous de girofle. Lavez la viande, bridez-la à l'aide de la ficelle et mettez-la dans une casserole avec l'oignon, la carotte, le persil, le céleri et les cubes de bouillon. Ajoutez de l'eau bouillante jusqu'à ce que la viande soit à moitié immergée. Posez le couvercle sur la casserole et laissez mijoter la viande jusqu'à ce qu'elle soit cuite à point. Retournez-la quelques fois pendant la cuisson. Entre-temps, portez les pruneaux et le thé à ébullition, et ajoutez suffisamment d'eau pour que les pruneaux soient immergés.

Quand ils sont cuits à point, dénoyautez-les et retirez le petit bâton de cannelle. Réservez 12 à 18 beaux pruneaux et passez les autres au tamis. Portez la marmelade de pruneaux à ébullition. Liez cette marmelade avec un mélange de porto et de la fécule de pomme de terre. Incorporez-y de la confiture de cassis. Gardez au chaud la sauce et les pruneaux que vous avez réservés.

Contrôlez si la viande est cuite à point. Si elle l'est, retirez-la du bouillon et coupez-la en tranches de l'épaisseur d'un doigt; disposez celles-ci sur un plat de service préchauffé et nappez-les d'une partie de la sauce. Diluez le reste de sauce avec une partie du bouillon et servez-la dans une saucière rincée à l'eau bouillante. Disposez les pruneaux entiers tout autour de la viande.

Agneau cuit aux pruneaux
Une combinaison fort réussie de viande d'agneau ou de mouton avec une délicieuse sauce aux pruneaux et au cassis.

Poitrine de veau farcie

Préparation: 35 à 40 minutes
Cuisson au four: 1 heure 20

Poitrine de veau farcie
Ce plat de viande fera très bonne figure sur un menu de banquet.

Ingrédients pour 6 à 10 personnes:
1 poitrine de veau de 1 ½ à 2 kg (pouvant être farcie)
sel
150 g de hachis de veau
100 g de hachis de porc
2 tranches de pain blanc rassis, sans croûtes
2 à 5 cuillerées à soupe de lait concentré
1 œuf
une petite pincée de clous de girofle en poudre
une petite pincée de noix de muscade râpée
poivre du moulin
le zeste râpé de 1 citron
175 g de beurre
5 dl de bouillon
2 cuillerées à soupe de farine
1 cuillerée à soupe de fécule de maïs
1 jaune d'œuf
le jus de 1 citron

Principaux ustensiles de cuisine:
fil de cuisine, aiguille, plat allant au four, four (200°C)

Préparation:
Saupoudrez l'intérieur de la poitrine de veau d'une petite quantité de sel.

Mettez le hachis de veau et le hachis de porc dans un plat. Ajoutez-y le pain émietté, 2 cuillerées à soupe de lait concentré et l'œuf.

Emiettez les tranches de pain à la fourchette et mélangez-les avec le hachis; assaisonnez à votre convenance en ajoutant des clous de girofle en poudre, de la noix de muscade en poudre et du poivre.

Incorporez le zeste du citron au hachis avec suffisamment de crème ou de lait pour rendre le hachis relativement humide.

Introduisez cette farce à l'intérieur de la poitrine de veau et recousez l'ouverture avec du fil.

Placez la grille à mi-hauteur dans le four et préchauffez celui-ci. Faites chauffer 80 grammes de beurre et faites-y revenir la viande sur toutes les faces.

Enfournez le plat. Retournez la pièce de viande à l'aide de deux cuillères dès que la face supérieure est bien colorée. En cours de cuisson, ajoutez encore 40 g de beurre par petites noix dès que le jus de cuisson risque de devenir trop noir et, quand il ne vous reste plus de beurre, ajoutez un peu d'eau chaude.

Lorsque la cuisson tire à sa fin, faites chauffer 3 dl du bouillon. Préparez une bouillie lisse en mélangeant le restant du bouillon avec la farine, la fécule de maïs et le jaune d'œuf. Liez le bouillon avec ce mélange en remuant vigoureusement.

Incorporez ensuite, tout en battant, le jus du citron à la sauce et ajoutez-y éventuellement du poivre ou du sel. Retirez le plat du four, disposez la viande sur le plat à viande et enlevez le fil de cuisine.

S'il vous reste encore du beurre, incorporez-le par petites noix à la sauce, battez bien et versez la sauce dans la saucière.

Pain de viande

Préparation: 30 minutes
Cuisson au four: 1 heure 20

Ingrédients pour 8 personnes:
800 g de hachis de bœuf maigre
2 œufs
4 petites carottes
1 branche de céleri
10 branches de persil
5 baies de genévrier
200 g de jambon
150 g de fromage vieux râpé
poivre du moulin, sel
une bonne pincée de noix de muscade râpée
une bonne pincée de clous de girofle en poudre
6 cuillerées à soupe de chapelure
lait
1 cuillerée à soupe d'huile
6 cuillerées à soupe de vin blanc sec
400 g de jeunes carottes coupées en rondelles
2 cuillerées à soupe de confiture de citrons ou d'oranges
40 g de beurre

Principaux ustensiles de cuisine:
hache-viande ou mixeur, pinceau à beurre, moule à cake d'une capacité de 1 ½ litre, feuille d'aluminium, ficelle de cuisine, four (180°C)

Préparation:
Mettez le hachis dans une terrine avec les œufs. Glissez la grille dans le four à mi-hauteur et préchauffez celui-ci.

Nettoyez les carottes et le céleri, et coupez les légumes en petits morceaux. Lavez le persil, enlevez la partie inférieure des petites tiges. Passez les carottes, le céleri, le persil, les baies de genévrier et le jambon dans le hache-viande ou broyez le tout à l'aide du mixeur. Incorporez ce mélange, avec le fromage, dans le hachis et rectifiez éventuellement l'assaisonnement (sel, poivre, noix de muscade, clous de girofle en poudre).

Incorporez 2 cuillerées à soupe de chapelure au mélange et autant de lait qu'il faut pour obtenir une boule de hachis souple et en même temps ferme. Badigeonnez le moule d'huile.

Façonnez le hachis en une boule de forme ovale à surface lisse et sans fissures. Roulez le hachis dans le restant de chapelure. Mettez la boule de hachis dans le moule, couvrez celui-ci à l'aide d'une feuille d'aluminium et ficelez le tout. Enfournez le moule.

Au bout d'une heure de cuisson environ, mettez les carottes dans un peu d'eau légèrement salée sur le feu. Laissez-les cuire à point, égouttez-les et incorporez en remuant la confiture et la moitié du beurre aux carottes; gardez celles-ci au chaud. Retirez le moule du four; enlevez la ficelle et la feuille d'aluminium, et versez le jus de cuisson dans une poêle.

Ajoutez-y le vin et le restant du beurre, et laissez mijoter jusqu'à obtention d'une sauce épaisse.

Démoulez le pain de viande, disposez-le sur un plat à viande, mettez les carottes glacées en couronne autour du hachis et nappez la viande de sauce. Accompagnez ce mets d'une purée de pommes de terre.

Pain de viande
Qu'on le consomme chaud ou froid, ce pain de viande se distingue par son assaisonnement assez relevé.

Pis de vache poêlé

Excellent sur des tranches de pain bis tartinées de beurre salé. Si vous servez ce mets comme repas chaud, vous pouvez l'accompagner avantageusement d'une purée de pommes de terre et de chou rouge à la flamande, par exemple.

Pis de vache poêlé

Préparation: 10 minutes

Ingrédients pour 4 personnes:
500 g du bord d'un pis de vache cru ou cuit
noix de muscade râpée, poivre du moulin, sel
4 cuillerées à soupe de farine
50 g de saindoux ou de beurre

Préparation:
Coupez le pis en tranches de la grosseur d'un doigt. Saupoudrez les deux faces des tranches d'un peu de noix de muscade, de poivre et de sel, et roulez-les dans la farine.

Faites chauffer le saindoux ou le beurre dans une poêle à frire et mettez-y les tranches de pis dès que le beurre est bien chaud.

Retournez les tranches de pis à l'aide d'une spatule dès que la face inférieure est bien dorée et faites dorer l'autre côté de la même manière.

Servez les tranches de pis aussi chaudes que possible.

Queue de bœuf panée

Préparation: 25 à 30 minutes
Cuisson au four: 20 à 25 minutes
Cuisson: 2 heures

Ingrédients pour 4 personnes:

1 kg de queue de bœuf en petits morceaux
1 cuillerée à soupe d'huile ou de beurre
100 g de bacon ou de lard maigre fumé coupé
en tranches
2 petites carottes coupées en rondelles
1 branche de céleri coupée en bâtonnets
une bonne pincée de thym, 1 feuille de laurier
2 clous de girofle, 80 g de beurre
poivre du moulin, sel
10 cuillerées à soupe de vin blanc ou rouge
sec
7 cuillerées à soupe de chapelure

Principaux ustensiles de cuisine:

pinceau à beurre, tamis, plat à gratin, four
(260°C)

Préparation:

Mettez la queue de bœuf dans de l'eau froide
jusqu'au moment de la préparation; renouvelez
l'eau de temps en temps.
Faites chauffer l'huile ou le beurre à feu doux
dans une sauteuse; disposez-y les tranches de
bacon ou de lard l'une à côté de l'autre. Mettez
alors les carottes, le céleri, le thym, la feuille de
laurier et les clous de girofle dans la sauteuse;
ajoutez-y les morceaux de queue de bœuf, légèrement salés. Couvrez la sauteuse et laissez
mijoter son contenu 10 à 15 minutes.
Versez le vin lentement dans la sauteuse et
ajoutez-y ensuite 5 à 7 cuillerées d'eau chaude.
Remuez le contenu de la sauteuse et laissez
mitonner la queue de bœuf pendant 1 à 1 ½
heure. Placez la grille à mi-hauteur dans le four;
préchauffez celui-ci et badigeonnez le plat à
gratin de beurre fondu. Mettez le tamis sur une
casserole, versez le contenu de la sauteuse dans
le tamis, prélevez quelques morceaux de la
queue de bœuf et mettez-les dans le plat à gratin.
Poivrez la queue de bœuf et saupoudrez-la de
chapelure. Aspergez la chapelure d'une petite
quantité de beurre fondu et disposez dans le plat
à gratin successivement des morceaux de queue
de bœuf, que vous poivrez, de la chapelure et du
beurre fondu. Veillez à réserver un peu de
chapelure et de beurre fondu pour recouvrir la
couche supérieure de viande. Versez 6 à 8
cuillerées à soupe du jus de cuisson dans le plat à
gratin, et enfournez jusqu'à ce que le mets soit
bien chaud et bien doré. Servez la queue de
bœuf avec du pain.

Queue de bœuf panée
La cuisson de la queue de bœuf peut
très bien se faire l'avant-veille; de cette
façon, la préparation de ce plat deman-
dera moins de temps le jour-même où
il sera servi.

Haché à la flamande

Préparation: 30 à 40 minutes
Cuisson: 2 heures
Refroidissement: 6 à 8 heures

Ingrédients pour 8 à 12 personnes:
200 g de cœur de bœuf
100 g de foie de veau
100 g de rognons de porc
1 dl de vinaigre
200 g de lard en tranches
5 cubes de bouillon
poivre du moulin, sel
75 g de gros lard
200 g de farine de sarrasin
1 cuillerée à soupe d'anis en poudre
5 g de clous de girofle en poudre et de noix de muscade râpée
4 cornichons au vinaigre très finement hachés
4 cuillerées à soupe de farine
50 g de saindoux ou de beurre

Principaux ustensiles de cuisine:
passoire, hache-viande ou hachoir, 2 ou 3 terrines ou moule d'une capacité de 1 à 1 ½ litre

Préparation:
Mettez le cœur de bœuf, le foie de veau et les rognons de porc dans un grand récipient rempli d'eau froide; renouvelez cette eau de temps en temps. Commencez la préparation en coupant le cœur en tranches assez épaisses; éliminez le gras et les artères, coupez les tranches en dés assez grands. Découpez le foie et les rognons dans le sens de la longueur; éliminez les membranes, le gras et les ligaments tendineux, et détaillez le foie et les rognons en dés assez grands.
Mettez les morceaux du cœur, du foie et des rognons dans une grande casserole. Versez de l'eau froide de façon à ce qu'elle recouvre la viande de 7 à 8 cm. Ajoutez le vinaigre et 2 cuillerées à soupe de sel, et portez le contenu de la casserole à ébullition. Versez ensuite le contenu de la casserole dans la passoire et laissez égoutter les abats. Entre-temps, coupez les tranches de lard en bâtonnets de la largeur d'un doigt et débitez ces bâtonnets en petits dés. Mettez-les avec le contenu de la passoire dans la casserole, versez-y 1 ½ litre d'eau chaude ou bouillante. Ajoutez les cubes de bouillon et le poivre. Portez l'eau à ébullition à feu très vif, puis couvrez la casserole et laissez mitonner son contenu pendant 1 ¼ à 1 ½ heure.
Entre-temps, rincez le gros lard à l'eau tiède. Mettez-le sur le feu avec suffisamment d'eau et

ajoutez ½ cuillerée à café de sel. Laissez cuire le lard à feu doux pendant ½ heure; retirez-le de la casserole et réservez le jus de cuisson. Coupez le lard en petits cubes de ⅓ cm de côté. Contrôlez si le cœur, le foie, les rognons et les tranches de lard sont cuits à point. Posez la passoire sur un récipient et versez le contenu de la casserole dans la passoire. Réduisez les abats et les tranches de lard en petits morceaux à l'aide d'un hache-viande ou d'un hachoir de cuisine. Versez à nouveau le jus de cuisson dans la grande casserole; incorporez-y, en remuant énergiquement, la farine de sarrasin ou préparez une pâte lisse avec cette farine et un peu de jus. Versez cette pâte, toujours en remuant, dans la casserole contenant le jus de cuisson. Incorporez l'anis et les clous de girofle en poudre à la viande hachée. Mettez la viande dans la casserole en remuant bien et continuez de remuer jusqu'à ébullition du contenu de la casserole. Baissez le feu et, tout en continuant de remuer, laissez cuire à point la farine de sarrasin pendant 8 à 10 minutes. Versez le jus de cuisson du lard dans la casserole lorsque la bouillie risque de devenir trop épaisse. Sans être trop claire, celle-ci doit néanmoins rester assez liquide. Retirez la casserole du feu. Mélangez les petits cubes de lard et le cornichon haché au contenu de la casserole. Goûtez le mets et rectifiez éventuellement l'assaisonnement. Rincez les terrines ou le moule à l'eau froide et remplissez-les presque à ras bord du haché. Posez des assiettes sur les terrines ou sur le moule, laissez refroidir la préparation, puis mettez-la au réfrigérateur jusqu'à ce qu'elle soit bien ferme et consistante. Coupez le haché en tranches de la largeur d'un doigt et passez-les dans la farine. Faites chauffer le saindoux ou le beurre dans une grande poêle, disposez-y les tranches de haché et laissez-les dans la poêle à feu doux jusqu'à ce qu'elles soient tout à fait dorées. Retournez les tranches à l'aide d'une spatule et laissez dorer l'autre face. Servi chaud, le haché à la flamande accompagnera un repas chaud, mais on peut tout aussi bien le servir froid avec du pain.

Haché à la flamande
Un mets du bon vieux temps qu'on avait coutume de servir après l'abattage dans les provinces de Gueldre, du Brabant, du Limbourg et en Campine.

Ragoût

Préparation:
1 heure 20 à 1 heure 40

Ingrédients pour 4 personnes:
400 g de viande pour ragoût
poivre du moulin, sel
5 cuillerées à soupe d'huile, 40 g de beurre
400 g d'oignons épluchés
3 dl de jus
4 clous de girofle, 2 petites feuilles de laurier
½ piment d'Espagne sans graines
5 à 8 cuillerées à soupe de vinaigre
6 cuillerées à soupe de farine
1 cuillerée à soupe de sauce de soja

Préparation:
Coupez les grands morceaux de viande en morceaux plus petits, que vous salez et poivrez. Versez l'huile dans une casserole et faites-la chauffer à feu doux. Coupez les oignons en rondelles assez épaisses ou hachez-les grossièrement. Faites dorer les oignons dans l'huile en remuant sans cesse. Retirez les morceaux d'oignon qui prennent une couleur trop foncée. Ajoutez-y le jus et 2 dl d'eau chaude. Piquez les clous de girofle dans les feuilles de laurier et mettez-les dans la casserole avec le demi-piment. Ajoutez 5 cuillerées à soupe de vinaigre. Couvrez la casserole dès que son contenu atteint le point d'ébullition et baissez le feu.
Laissez mitonner la viande jusqu'à ce qu'elle soit bien tendre: 1 heure à 1 ½ heure suivant la qualité de la viande. Préparez une pâte épaisse et lisse en mélangeant la farine avec 6 cuillerées

à soupe d'eau. Délayez cette pâte avec de l'eau. Retirez la feuille de laurier avec les clous de girofle de la casserole et liez son contenu avec la bouillie, en remuant soigneusement. Laissez cuire la farine quelques instants et ajoutez le beurre. Goûtez le ragoût, ajoutez-y la sauce de soja et rectifiez éventuellement l'assaisonnement.

Ragoût de restes de viande
Faites chauffer 60 grammes de beurre dans une casserole. Remuez quelque peu dans la casserole dès que le beurre est bien chaud et versez-y 45 g de farine en pluie lorsqu'il a pris une couleur uniformément brune. Continuez de remuer jusqu'à ce que la farine soit devenue couleur marron et ajoutez, toujours en remuant, 400 g d'oignons finement émincés, que vous faites dorer. Ajoutez 1 cuillerée à soupe d'huile si le contenu de la casserole a tendance à devenir trop sec.
Mettez ensuite 300 à 400 grammes de restes de viande coupée menu dans la casserole avec le jus. Piquez 4 clous de girofle dans 2 feuilles de laurier; mettez celles-ci avec 4 cuillerées à soupe de vinaigre dans la casserole. Couvrez la casserole dès que son contenu atteint le point d'ébullition. Baissez le feu et laissez mitonner oignons et viande 25 à 30 minutes dans la sauce.
Retirez les feuilles de laurier avec les clous de girofle de la casserole. Préparez une pâte lisse avec 1 cuillerée à soupe de fécule de maïs, ½ cuillerée à café de curry et 1 cuillerée à soupe de sauce de soja. Incorporez cette pâte lisse au ragoût et remuez le tout.

Ragoût
Le ragoût peut être préparé à partir de viande de bœuf crue ou de restes de viande déjà cuisinée. Accompagnez le ragoût de riz bouilli ou d'une purée de pommes de terre.

Terrine vinaigrette

Préparation: 10 minutes

Ingrédients pour 4 personnes:
400 à 500 g de restes de viande déjà cuisinée
6 pommes de terre cuites moyennes
2 œufs durs écalés
4 cornichons au vinaigre
6 petits oignons au vinaigre
3 cuillerées à soupe d'huile
7 cuillerées à soupe de vinaigre parfumé
2 à 4 cuillerées à soupe de bouillon
1 ou 2 cuillerées à soupe de moutarde
poivre du moulin, sel

Préparation:
Coupez les restes de viande et les pommes de terre en petits morceaux. Coupez les œufs en morceaux et émincez les cornichons et les petits oignons.
Mélangez tous ces ingrédients et passez-les au hache-viande. Incorporez à la purée ainsi obtenue 2 cuillerées à soupe d'huile, le vinaigre et suffisamment de bouillon pour obtenir un mélange bien lié et ferme.
Ajoutez-y de la moutarde, du poivre et du sel à volonté. Badigeonnez la terrine ou le moule d'huile, introduisez-y le mélange en veillant à bien le tasser et retournez la terrine ou le moule sur le plat à viande.

Langue de bœuf à la sauce madère

Préparation: 40 à 50 minutes
Cuisson: 3 heures à 3 heures 20

Ingrédients pour 10 à 12 personnes:
1 langue de bœuf sans arrière-gorge
1 oignon grossièrement coupé
3 ou 4 jeunes carottes émincées
3 branches de persil ou de céleri
1 petit morceau de macis
2 clous de girofle
1 feuille de laurier
5 grains de poivre concassés
une bonne pincée de thym sec
2 cubes de bouillon
75 g de beurre
50 g de lard maigre fumé coupé menu
½ petit oignon émincé
60 g de farine
1 cuillerée à soupe de sauce de soja
3 ou 4 cuillerées à soupe de madère
poivre du moulin, sel

Principaux ustensiles de cuisine:
tamis ou grande passoire, longue broche ou aiguille à tricoter métallique, récipient gradué

Préparation:
Faites dégorger la langue de bœuf à l'eau fraîche jusqu'au moment de la préparation, en ajoutant 1 cuillerée à soupe de sel par litre d'eau.
Retirez la langue de l'eau, salez-en la partie supérieure et nettoyez la partie inférieure en la frottant soigneusement avec du sel.
Rincez la langue à l'eau courante et contrôlez si le dessus de la langue est parfaitement propre.
Disposez la langue à plat dans une grande casserole épaisse, dont les dimensions sont telles que la langue y trouve tout juste place. Ajoutez-y l'oignon, les carottes, le persil, le macis, les clous de girofle, la feuille de laurier, les grains de poivre, le thym et les cubes de bouillon.
Versez dans la casserole autant d'eau tiède qu'il faut pour qu'elle monte à deux doigts au-dessus de la langue; ajoutez 1 cuillerée à café de sel par litre d'eau.
Portez l'eau à ébullition. Baissez le feu et laissez mitonner la langue pendant 3 h à 3 ½ h jusqu'à ce qu'elle soit cuite à point. Après 2 ½ h de cuisson, faites chauffer 20 g de beurre dans une poêle et faites-y fondre le lard à feu doux.
Faites dorer l'oignon. Versez alors le contenu de la casserole à travers le tamis dans une petite casserole à fond épais ou dans une poêle à frire

de grandeur moyenne. Exprimez autant de graisse que possible de la viande.
Faites chauffer le beurre avec la graisse du lard, ajoutez-y le reste du beurre et chauffez le contenu de la casserole à feu doux.
Ajoutez alors toute la farine en une fois et remuez jusqu'à ce que le beurre et la farine prennent une belle couleur marron. Après avoir ajouté encore 1 ou 2 cuillerées à soupe d'eau - attention à la vapeur qui s'échappe -, retirez la casserole du feu. Contrôlez si la langue de bœuf est cuite à point; dans ce cas, la peau doit lâcher facilement à l'extrémité de la langue. Retirez la langue du bouillon. Mettez le tamis ou la passoire sur un récipient et passez le bouillon. Gardez-le au chaud à feu très doux. Faites une incision des deux côtés de la langue à l'aide d'un couteau pointu et dépouillez la langue de sa peau en soulevant et en tirant cette dernière d'arrière en avant, vers l'extrémité de la langue.
Déposez la langue sur la planche à viande et, à l'aide d'un couteau bien aiguisé, coupez-la en tranches de ⅓ cm d'épaisseur, en commençant à l'extrémité la plus épaisse et en taillant légèrement en oblique, ou coupez des tranches droites plus épaisses.
Disposez ces tranches de manière à remodeler la langue et piquez-les à l'aide de la broche ou d'une aiguille à tricoter. Versez une petite quantité du bouillon dans une grande casserole basse et mettez-y les tranches de langue embrochées. Mettez le couvercle sur la casserole et gardez la langue au chaud, par exemple en posant la casserole sur le couvercle retourné d'une autre casserole dont le contenu frise le point d'ébullition. Versez 5 dl de bouillon dans le récipient gradué. Réchauffez le mélange couleur marron de beurre et de farine, en remuant vigoureusement, et incorporez-y, toujours en remuant, les 5 dl de bouillon. Portez cette sauce rapidement à ébullition et maintenez-la quelques instants jusqu'à ce que la farine soit à point. Incorporez la sauce de soja et 3 cuillerées à soupe de madère à la sauce, en remuant sans arrêt.
Goûtez la sauce et rectifiez l'assaisonnement, si nécessaire, en ajoutant de la sauce de soja, du poivre et le reste de madère. Retirez la langue de bœuf de la casserole et disposez-la sur le plat à viande préchauffé. Extrayez délicatement la broche ou l'aiguille de la langue en veillant à ne pas déformer son modèle et versez une partie de la sauce sur la viande. Servez le reste de la sauce à part, dans une saucière préalablement rincée à l'eau bouillante.

Langue de bœuf à la sauce madère
Autrefois, la langue de bœuf était servie lors de grands dîners. On la dressait sur un grand plat, bordée d'une garniture de fleurons, petits croissants salés en pâte feuilletée. Accompagnez ce mets de pommes de terre cuites ou de purée de pommes de terre et de petits pois ou de haricots verts à l'étouffée.

Rognons de veau au beurre maître d'hôtel

Préparation: 50 à 60 minutes
Réfrigération: 30 à 60 minutes

poivre du moulin, sel
1 cuillerée à soupe de sauce tomate

Ingrédients pour 4 personnes:
2 rognons de veau
4 cuillerées à soupe de vinaigre
150 g de beurre crème, 60 g de beurre
2 cuillerées à soupe de persil finement haché
quelques gouttes de jus de citron
100 g de bacon, sauce Worcestershire
le jus de ½ citron ou une bonne pincée de piment
1 cuillerée à soupe de farine
1 cuillerée à soupe de fécule de maïs

Rognons de veau au beurre maître d'hôtel
Un mets délicieux qui s'accompagne très bien de carottes ou de chou-fleur. Vous pouvez également le servir avec des pommes de terre frites.

Préparation:
Mettez les rognons dans de l'eau froide jusqu'au moment de la préparation et changez l'eau de temps en temps. Ensuite, rincez les rognons à grande eau, essuyez-les et coupez-les en deux dans le sens de la longueur avec un couteau bien aiguisé. Enlevez, à l'aide d'un petit couteau pointu, la membrane, la graisse et les filaments tendineux. Mettez-les dans une casserole avec 1 ½ litre d'eau froide, le vinaigre et 1 cuillerée à soupe de sel.
Portez l'eau à ébullition, maintenez l'ébullition pendant 5 minutes et jetez l'eau. Rincez encore une fois les rognons. Mettez-les de nouveau sur le feu avec assez d'eau pour qu'ils en soient tout juste recouverts et ajoutez 1 cuillerée à café de sel par litre d'eau. Laissez cuire à feu doux pendant 1 heure. Malaxez le beurre, ajoutez-y goutte à goutte 1 cuillerée à soupe d'eau, le persil et, selon votre goût, du jus de citron, de la sauce Worcestershire et du poivre ou du sel. Etalez le beurre en une couche de 3 cm d'épaisseur sur une feuille d'aluminium, roulez-la et mettez ce petit rouleau au réfrigérateur. Contrôlez si les rognons sont cuits à point, retirez-les de la casserole, rincez-les et essuyez-les à l'aide d'un linge ou de papier absorbant. Aspergez les rognons de jus de citron ou saupoudrez-les de piment sur les deux faces.
Mélangez la farine, la fécule de maïs et une pincée de poivre. Roulez les rognons dans ce mélange de telle façon qu'ils en soient entièrement couverts. Disposez le bacon cuit sur un plat de présentation préchauffé. Faites chauffer le beurre dans une poêle à frire; mettez-y les rognons dès que le beurre est bien chaud et faites-les colorer des deux côtés. Ecrasez le bacon cuit à l'aide du dos d'une cuillère et dressez les rognons sur les morceaux de bacon. Ajoutez la sauce tomate au beurre et diluez avec 6 à 9 cuillerées à soupe d'eau chaude.
Goûtez la sauce et rectifiez éventuellement l'assaisonnement.
Versez la sauce sur les rognons ou servez-la séparément dans une saucière rincée préalablement à l'eau bouillante. Sortez le rouleau de beurre du réfrigérateur, débarrassez-le de la feuille d'aluminium et coupez le beurre en rondelles très fines à l'aide d'un couteau trempé dans de l'eau chaude. Servez les rondelles de beurre à part sur un petit plat rond.

Ragoût de rognons

Préparation:
1 heure à 1 heure 10

Ingrédients pour 4 personnes:
400 g de rognons de veau ou de porc
vinaigre
80 g de beurre
2 gousses d'ail
2 poireaux pas trop gros
2 gros oignons émincés
300 g de pommes de terre épluchées et coupées
en dés
1 céleri-rave de taille moyenne
la verdure d'un céleri
3 dl de bouillon, 30 cl de bière
4 cuillerées à soupe de fécule de maïs
une bonne pincée de noix de muscade en
poudre
une bonne pincée de macis en poudre
6 cuillerées à soupe de persil finement haché
sauce de soja
poivre, sel

Préparation:
Faites dégorger les rognons quelques heures
dans de l'eau froide légèrement vinaigrée. Fendez les rognons dans le sens de la longueur.
Portez 1 litre d'eau à ébullition, mettez les
rognons dans la casserole et laissez-les cuire 2
minutes à feu très vif.
Jetez l'eau et rincez les rognons à l'eau tiède.
Enlevez les nerfs des rognons et débarrassez-les
de la graisse. Laissez-les cuire alors une quinzaine de minutes dans une grande quantité d'eau
avec 1 cuillerée à soupe de sel par litre d'eau.
Dans une autre casserole, faites chauffer l'ail
dans le beurre fondu. Coupez les poireaux en
morceaux de 1 cm de largeur, lavez-les à grande
eau, mettez-les dans la casserole avec l'oignon et
les dés de pomme de terre. Baissez le feu au
maximum et couvrez la casserole.
Coupez le céleri-rave d'abord en tranches de
l'épaisseur d'un doigt, pelez-les, puis partagez-
les en petits dés. Lavez-les et mettez-les dans la
casserole.
Emincez la verdure du céleri et joignez-la aux
autres ingrédients. Versez le bouillon dans la
casserole, portez à ébullition et ajoutez la bière.
Coupez les rognons en petits cubes et mettez-les
dans la casserole. Laissez cuire le contenu de la
casserole jusqu'à ce que les pommes de terre et
les rognons soient cuits à point. Préparez une

pâte lisse avec la fécule de maïs et quelques
cuillerées à soupe d'eau, et liez le fond de
cuisson avec cette pâte. Ajoutez, en remuant
sans cesse, la noix de muscade et le macis en
poudre ainsi que le persil haché. Goûtez le mets
et rectifiez éventuellement l'assaisonnement à
l'aide de sauce de soja, de poivre ou de sel.

Ragoût de rognons
*Ce mets fera les délices des amateurs
de rognons, préparés entre autres à
base d'ail, de poireau, d'oignon et de
céleri-rave.*

Foie de veau ou de porc aux pommes

Préparation: 15 à 20 minutes

Ingrédients pour 4 personnes:
400 à 500 g de foie de veau ou de porc
poivre du moulin
sel
2 pommes acidulées
80 g de beurre
3 cuillerées à soupe de farine
3 cuillerées à soupe de vin blanc
ou de lait

Principal ustensile de cuisine:
vide-pomme

Préparation:
A l'aide d'un couteau bien aiguisé, coupez le foie en tranches d'épaisseur uniforme (1 ½ à 2 cm). Salez et poivrez celles-ci sur les deux faces. Lavez, essuyez et épluchez les pommes. Enlevez-en le cœur et les pépins. Coupez les pommes en rondelles d'un doigt d'épaisseur. Faites chauffer 30 g de beurre dans une poêle à frire et faites-y dorer à feu vif les rondelles de pomme, sur les deux côtés.

Disposez les pommes sur le plat à viande préchauffé; gardez le plat au chaud et posez un couvercle ou une assiette sur les pommes.

Roulez les tranches de foie dans la farine, de telle façon qu'elles soient entièrement couvertes.

Mettez ensuite le reste du beurre dans la poêle, modérez le feu et faites colorer le foie jusqu'à ce qu'il soit cuit à point. Pour le foie de veau, il faut compter 6 minutes et, pour le foie de porc, 8 minutes au total.

Disposez les tranches de foie et les rondelles de pomme en léger chevauchement sur le plat à viande.

Décollez le gratin qui se trouve au fond de la poêle, versez-y le vin ou le lait et ajoutez 3 ou 4 cuillerées d'eau chaude à cette sauce.

Goûtez-la et assaisonnez de poivre ou de sel. Servez la sauce bien chaude en saucière.

Foie de veau ou de porc aux pommes
Un plat qui se prépare en un minimum de temps. Vous pouvez le servir avec du riz cuit, bien sec, et du chou rouge ou des betteraves rouges.

Lard maigre gratiné avec chou braisé

Préparation: 1 heure 30
Cuisson au four: 25 à 30 minutes

Ingrédients pour 4 personnes:
800 g de lard maigre d'une seule pièce
1 petit chou vert ou 1 petit chou de Milan
sel
poivre du moulin
1 oignon pelé
50 g de beurre
8 clous de girofle
3 cuillerées à soupe de chapelure
1 cuillerée à soupe de cassonade brune

Principaux ustensiles de cuisine:
pinceau à beurre, plat à gratin avec couvercle ou feuille d'aluminium, écumoire, four (200°C)

Préparation:
Lavez le lard à l'eau tiède; mettez-le dans une casserole avec assez d'eau chaude pour le couvrir, et laissez-le cuire ¾ d'heure à couvert et à feu modéré.

Entre-temps, débarrassez le chou de ses feuilles extérieures, coupez le gros trognon et partagez le chou en quatre morceaux égaux; enlevez le trognon de telle façon que les feuilles ne puissent se détacher.

Faites cuire le chou dans une autre casserole; veillez à ce que l'eau de cuisson n'arrive qu'à mi-hauteur du chou; salez-le légèrement.

Coupez l'oignon en quatre et mettez les morceaux dans la casserole contenant le chou. Retirez le lard de la casserole. Versez 3 dl du fond de cuisson du lard dans la casserole contenant le chou et laissez cuire celui-ci encore 10 minutes à feu doux. Réservez une petite quantité du fond de cuisson du lard.

Coupez la couenne du lard et poivrez-la un petit peu. Mélangez la chapelure et la cassonade. Beurrez le plat à gratin.

Glissez la grille à mi-hauteur dans le four et préchauffez le four.

Retirez, à l'aide de l'écumoire, les quatre morceaux de chou de la casserole et égouttez-les soigneusement. Réservez une petite quantité de l'eau de cuisson.

Dressez les quarts de chou fermement l'un contre l'autre dans le plat à gratin et poivrez-les. Répartissez le mélange de chapelure et de sucre sur le lard et piquez-le des clous de girofle, placés à quelque distance l'un de l'autre. Disposez le lard à côté du chou dans le plat à gratin, la face garnie de cassonade vers le dessus; répartissez le reste du beurre sur le lard et enfournez le plat à gratin.

Après 10 à 15 minutes, quand le lard a pris une belle coloration dorée, versez 2 à 3 dl du fond de cuisson du lard ou de l'eau de cuisson du chou dans le plat et couvrez-le d'une feuille d'aluminium. Retirez le plat du four lorsque le lard et le chou sont cuits à point (15 à 20 minutes).

Servez ce mets dans le plat à gratin ou coupez le lard en 4 tranches d'épaisseur égale et servez-les avec le chou.

Lard maigre gratiné avec chou braisé
Un mets typique de la cuisine de jadis; on le servait avec des pommes de terre cuites qu'on écrasait à la fourchette à même l'assiette et auxquelles on mélangeait des petites noix de beurre et des petits morceaux de chou et de lard.
Quelques phases de la préparation: Mettez les quarts de chou dans la casserole. Piquez les clous de girofle dans le lard.

Boulettes grand-mère

Une suggestion: combinez ces boulettes bien assaisonnées avec un hochepot ou une ratatouille.

Boulettes grand-mère

Préparation: 15 à 20 minutes

Ingrédients pour 4 personnes:
150 g de flocons d'avoine
10 cuillerées à soupe de lait
½ cuillerée à café de sel
poivre du moulin
250 g de saucisson ou de petites saucisses
2 œufs
1 oignon moyen très finement émincé
2 cuillerées à soupe de persil haché
1 cuillerée à soupe de ciboulette
2 cuillerées à soupe de farine
chapelure
3 cuillerées à soupe d'huile
40 g de beurre

Préparation:
Mettez les flocons d'avoine dans une terrine avec le lait, le sel et du poivre.
Débarrassez le saucisson ou les saucisses de leur peau.
Coupez-les en petits morceaux, mettez-les dans la même terrine que les flocons d'avoine et ajoutez-y les œufs.
Ajoutez également l'oignon, le persil et la ciboulette, et brassez le tout à l'aide d'une fourchette jusqu'à obtention d'un mélange homogène.
Assaisonnez à votre goût.
Divisez le mélange en quatre portions égales, disposez-les sur la farine et confectionnez-en des boulettes assez grandes à surface absolument lisse. Roulez-les dans la chapelure, abaissez-les avec précaution et repassez-les dans la chapelure.
Faites chauffer l'huile dans une poêle à frire, disposez les boulettes côte à côte dans la poêle en vous servant d'une spatule et retournez-les dès que leur face inférieure est devenue bien ferme et de couleur dorée.
Procédez de même pour l'autre face des boulettes.
Ensuite, disposez le beurre par petites noix et en couronne dans la poêle.
Baissez le feu aussitôt que le beurre a fondu et finissez la cuisson des boulettes à feu doux.
Retournez-les une dernière fois avant de les servir aussi chaudes que possible.

Les poissons

Plie frite
Sauce tartare
Gratin de poisson au riz
Perche braisée
Cabillaud à la sauce au beurre
Waterzoï de poisson
Potage aux anguilles
Filets d'églefin à la moutarde
Harengs saurs frits
Harengs farcis
Anguilles à l'aneth
Potée de hareng
Anguille à la mode d'Aalsmeer
Anguille aux haricots blancs
Galettes de poisson

Plie frite

Préparation: 25 à 30 minutes
Temps de repos: 15 à 25 minutes

Ingrédients pour 4 personnes:
2 grandes ou 4 petites plies
sel
huile, farine
quelques feuilles de laitue
1 ou 2 tomates coupées en tranches
1 oignon moyen coupé en rondelles
quelques branches de persil

Principaux ustensiles de cuisine:
paire de ciseaux, passoire, papier absorbant, tamis métallique

Préparation:
Ecaillez les plies à l'aide d'un couteau émoussé en remontant de la queue vers la tête.
Ouvrez le ventre juste ce qu'il faut pour pouvoir retirer les intestins; veillez à ne pas faire éclater la vésicule biliaire. Eliminez, en frottant avec un peu de sel, la petite membrane noire à l'intérieur de la cavité abdominale et lavez les poissons tant à l'intérieur qu'à l'extérieur.
A l'aide d'un couteau ou d'une paire de ciseaux, coupez les nageoires caudales et les branchies, et coupez les nageoires latérales en remontant de la queue vers la tête.
Pour éviter l'éclatement de la peau pendant la cuisson, entaillez le poisson, avec un couteau bien aiguisé, dans le sens de la longueur jusqu'à toucher l'arête dorsale et pratiquez 2 ou 3 incisions transversales.
Frottez les plies avec du sel et mettez-les dans la passoire. Couvrez-les d'une assiette et placez une assiette sous la passoire. Laissez le sel s'infiltrer pendant 15 à 25 minutes; pendant ce temps, vous pouvez éventuellement préparer une sauce tartare. Versez dans une poêle à frire ½ à 1 cm d'huile et faites-la chauffer.
Essuyez les plies avec du papier absorbant, roulez-les dans la farine et mettez-les dans la poêle dès que l'huile dégage une vapeur bien visible et légèrement colorée. Faites toujours frire le côté le plus clair des poissons en premier lieu. Retournez-les sur l'autre côté dès que le premier est bien doré. Il faut compter 8 à 10 minutes pour que le poisson soit cuit à point.
Laissez égoutter les poissons en les posant sur du papier absorbant. Pendant ce temps, lavez et essuyez délicatement les feuilles de laitue. Disposez les plies frites, le côté clair tourné vers le haut, sur le plat à poisson préchauffé. Garnissez le plat de quelques feuilles de laitue, de tranches de tomate, de rondelles d'oignon et de quelques branches de persil.
Vous pouvez remplacer la farine par du lait; dans ce cas, il n'y a pas lieu d'essuyer les poissons salés. Passez les poissons dans le lait et laissez égoutter le lait superflu.

Plie frite
Ces plies frites à l'huile s'accompagnent merveilleusement de pommes de terre, d'une salade et de sauce tartare.

Sauce tartare

Préparation: 15 à 20 minutes

Ingrédients pour 4 personnes:
3 jaunes d'œufs
2 cuillerées à soupe de fécule de maïs
3 cuillerées à soupe d'huile
2 cuillerées à soupe de vinaigre aux herbes
1 cuillerée à soupe de vinaigre
ou de jus de citron
2 cornichons très finement émincés
1 échalote très finement émincée
2 cuillerées à soupe de persil haché menu
2 cuillerées à soupe de cerfeuil
haché menu
½ à 1 cuillerée à soupe de moutarde
poivre du moulin
sel

Préparation:
Mélangez les jaunes d'œufs avec la fécule de maïs et l'huile jusqu'à obtention d'une pâte lisse.
Placez la terrine dans une casserole, remplie jusqu'à mi-hauteur d'eau frémissante.
Ajoutez, en fouettant régulièrement, le vinaigre par petites quantités et ensuite la même quantité d'eau bouillante.
Faites chauffer ce mélange jusqu'à ce que la fécule de maïs soit cuite à point et que la sauce soit parfaitement liée. Incorporez-y ensuite, en remuant sans cesse, les cornichons, l'échalote, le persil et le cerfeuil.
Toujours en remuant, incorporez ½ cuillerée à soupe de moutarde à la sauce. Goûtez-la et rectifiez éventuellement l'assaisonnement.
Pour terminer, fouettez bien la sauce et servez-la chaude ou laissez-la refroidir avant de servir.

Gratin de poisson au riz

Préparation: 1 heure à 1 heure 30
Cuisson au four: 30 à 40 minutes

Gratin de poisson au riz

Autrefois, le gratin de poisson se préparait avec les restes de poisson d'un repas précédent. Il va de soi qu'on peut préparer ce mets avec d'autres types de poisson, comme le merlan, l'églefin, le maquereau, etc.

Ingrédients pour 4 personnes:

500 g de merlu (colin) trempé ou de cabillaud
150 g de riz bouilli sec
500 à 700 g de pommes de terre épluchées
4 cuillerées à soupe d'huile
250 g d'oignons coupés en rondelles très fines
2 dl de lait chaud

50 g de beurre
moutarde
poivre du moulin, sel
chapelure

Principaux ustensiles de cuisine:

tamis ou passoire, terrine ou plat allant au four, four (200°C)

Préparation:

Lavez le poisson, débarrassez-le de ses arêtes et de ses petites peaux, et mettez-le sur le feu avec de l'eau bouillante et 8 g de sel par litre d'eau. Maintenez l'eau frémissante 40 à 75 minutes, jusqu'à ce que le poisson soit cuit à point. Evitez toutefois de faire bouillir l'eau, sinon le poisson risque de devenir dur et coriace. Lavez le riz, portez ½ litre d'eau légèrement salée à ébullition et ajoutez-y le riz dès que l'eau bout. Remuez jusqu'à la reprise de l'ébullition, baissez le feu, couvrez la casserole et laissez cuire à point à feu doux. Coupez les pommes de terre en morceaux de grandeur égale et faites-les cuire en les recouvrant d'eau froide légèrement salée. Versez l'huile dans la terrine ou le plat à gratin en la répartissant uniformément sur le fond et laissez égoutter l'excès d'huile dans la poêle à frire. Faites chauffer l'huile dans la poêle à frire et faites-y revenir les oignons, en remuant sans cesse, jusqu'à ce qu'ils soient bien dorés. Entre-temps, laissez égoutter le riz cuit à point dans le tamis. Egouttez aussi les pommes de terre et contrôlez si le poisson est cuit à point. Posez ensuite le tamis ou la passoire sur une terrine, égouttez le poisson et réservez le fond de cuisson. Ecrasez les pommes de terre à la fourchette, sans toutefois les réduire en purée. Mélangez-y du lait chaud de façon à obtenir un mélange assez épais et délayez celui-ci avec un peu de fond de cuisson du poisson. Incorporez-y en remuant le riz cuit à point avec assez de fond de cuisson du poisson pour obtenir une pâte bien liée et crémeuse. Incorporez-y ensuite le poisson et l'oignon avec la moitié du beurre, et assaisonnez de moutarde, de poivre et de sel.

Glissez la grille à mi-hauteur dans le four. Préchauffez le four. Mettez le mélange dans le plat ou la terrine à gratin, lissez le dessus à l'aide d'une cuillère mouillée et saupoudrez d'une mince couche de chapelure. Dispersez des petites noix de beurre sur le dessus et enfournez le plat ou la terrine jusqu'à ce que le mets soit chauffé à fond et qu'il ait une belle couleur dorée.

Perche braisée

Préparation: 25 à 30 minutes

Ingrédients pour 4 personnes:

1 perche de 1 kg
sel
6 dl de lait
3 cuillerées à soupe de beurre
4 petits oignons coupés en fines rondelles
1 branche de céleri coupée menu
1 cuillerée à soupe de graines d'aneth
9 cuillerées à soupe de crème aigre
4 cuillerées à soupe de radis émincés
ou 1 cuillerée à soupe de raifort râpé
2 cuillerées à soupe de feuilles d'aneth coupées
menu
2 cuillerées à soupe de persil finement haché
poivre du moulin

Préparation:

Lavez le poisson, écaillez-le avec un couteau émoussé en remontant de la queue vers la tête.

Incisez le ventre et retirez-en les intestins. Lavez le poisson une seconde fois, sous le jet d'eau froide. A l'aide d'un couteau bien aiguisé, coupez les nageoires et détachez le poisson des deux côtés de l'arête dorsale. Frottez ensuite les deux faces des filets de poisson d'un peu de sel.

Versez le lait dans une casserole à fond épais et portez-le à ébullition à feu vif.

Mettez le beurre, l'oignon, le céleri, les graines d'aneth et les filets de poisson dans la casserole contenant le lait. Laissez cuire 5 minutes à découvert à feu très doux, couvrez la casserole et comptez 10 à 12 minutes pour faire cuire à point le poisson. Incorporez les petits morceaux de radis ou de raifort, l'aneth et le persil à la crème aigre en remuant sans cesse et étalez ce mélange sur le poisson dans la casserole.

Faites braiser celui-ci encore 3 à 5 minutes.

Goûtez la sauce; rectifiez l'assaisonnement si nécessaire. Servez ce mets aussi chaud que possible, avec une purée de pommes de terre et un légume doux, par exemple des jeunes carottes et du persil.

Perche braisée
La perche est, en général, très estimée pour sa chair. Des filets d'églefin, de plie, de maquereau ou des darnes de cabillaud peuvent remplacer la perche.

Cabillaud à la sauce au beurre

Préparation: 35 à 45 minutes

Ingrédients pour 4 personnes:
600 à 750 g de darnes de cabillaud
500 g de carottes prêtes à cuire
sel
600 à 750 g de pommes de terre épluchées
1 gousse d'ail
2 cuillerées à soupe d'oignon très finement émincé
½ cuillerée à soupe de graines d'aneth
4 cuillerées à soupe de vin blanc sec
ou 1 cuillerée à soupe de jus de citron
1 cuillerée à café de cassonade
3 cuillerées à soupe de persil très finement haché
65 g de beurre
30 g de farine
poivre du moulin
noix de muscade

Principaux ustensiles de cuisine:
écumoire, passoire, râpe pour noix de muscade, récipient gradué

Préparation:
Lavez les carottes, épluchez-les et mettez-les dans une grande casserole avec un fond d'eau légèrement salée.
Laissez précuire les carottes pendant 5 à 8 minutes.
Pendant ce temps, lavez les pommes de terre. Coupez-les en morceaux de grandeur à peu près égale. Poussez les carottes vers un côté de la casserole et mettez les pommes de terre à côté des carottes.
Saupoudrez les pommes de terre d'une pincée de sel et versez assez d'eau bouillante dans la casserole pour que les pommes de terre et les carottes soient à moitié immergées. Portez les pommes de terre et les carottes à ébullition.
Lavez le poisson. Supprimez les petites peaux et, dans la mesure du possible, les petites arêtes, et salez légèrement le poisson. Pressez l'ail au-dessus de l'oignon émincé et parsemez le poisson de ce mélange ail-oignon.
Quand les pommes de terre ont cuit une quinzaine de minutes, disposez le poisson sur la couche de pommes de terre et de carottes contenues dans la casserole.
Parsemez le poisson des graines d'aneth et aspergez-le du vin ou du jus de citron. Couvrez la casserole et laissez cuire à point pommes de terre, légumes et poisson.
Dans une poêle, faites chauffer 35 g de beurre. Incorporez-y la farine et laissez mijoter à feu très doux jusqu'à ce que la farine soit plus ou moins à point. Retirez la poêle du feu.
Retirez délicatement, à l'aide de l'écumoire, le poisson de la casserole et disposez-le sur un plat préchauffé.
Couvrez-le et gardez-le au chaud, par exemple sur le couvercle d'une casserole à contenu presque bouillant ou encore sur un chauffe-plats. Mettez les carottes dans une casserole plus petite et ajoutez-y selon votre goût du sel, la cassonade et le persil haché. Gardez également les carottes au chaud.
Posez la passoire sur une terrine ou un autre récipient et laissez égoutter les pommes de terre. Posez un couvercle sur la passoire pour garder les pommes de terre au chaud. Versez ½ litre du jus de cuisson des légumes, des pommes de terre et du poisson dans un récipient gradué ou une petite terrine.
Ajoutez ensuite ce jus de cuisson au mélange de beurre et de farine en remuant jusqu'à obtention d'une sauce lisse bien liée, que vous ferez chauffer à feu très doux. Assaisonnez à votre goût.
Partagez le reste de beurre en petits morceaux, retirez la casserole du feu et incorporez, en remuant sans cesse, les noix de beurre à la sauce.
Disposez les pommes de terre, les carottes et le poisson sur un seul plat. Saupoudrez le poisson de noix de muscade avant de le servir.
Servez ce mets délicieux aussi chaud que possible.

Variante
Si vous désirez apporter quelques variations à ce plat, vous pouvez, avant de retirer la sauce du feu, y incorporer 1 à 1 ½ cuillerée à soupe de moutarde, ou ajouter à la sauce au beurre, juste avant de servir, 1 ou 2 cuillerées à soupe de persil ou de cerfeuil finement haché.

Cabillaud à la sauce au beurre
Pour la préparation de ce mets, nos grand-mères avaient coutume d'employer une grande casserole en fonte.

Waterzoï de poisson

Préparation: 1 heure 20

Ingrédients pour 4 à 8 personnes:
400 g d'anguilles dépouillées de taille moyenne
1 petit brochet ou 1 tanche
1 petite carpe ou 1 goujon
1 perche
½ céleri-rave de taille moyenne
quelques branches de céleri
1 oignon moyen grossièrement coupé
1 carotte coupée en grosses tranches
poivre du moulin, sel
4 biscottes
100 g de beurre
50 g de farine
1 ½ dl de vin blanc sec
2 jaunes d'œufs
3 cuillerées à soupe de crème fraîche
le jus de ½ citron

Principaux ustensiles de cuisine:
paire de ciseaux, tamis, écumoire ou passoire

Préparation:
Lavez les anguilles et coupez-les en tronçons de la longueur d'un doigt. Incisez le ventre des autres poissons et retirez les intestins. Ecaillez les poissons à l'aide d'un couteau émoussé en remontant de la queue vers la tête. A l'aide de ciseaux, coupez les nageoires dans le sens opposé, ainsi que la queue. Enfin, coupez la tête juste derrière les branchies. Lavez les têtes des poissons et mettez-les dans une casserole.
Coupez le céleri-rave en tranches de 1 cm d'épaisseur, épluchez-les grossièrement. Coupez les tranches en petits dés. Emincez la feuille de céleri. Mettez le céleri-rave, la feuille de céleri émincée, l'oignon et les carottes dans la casserole avec les têtes des poissons. Ajoutez-y du poivre, 2 cuillerées à soupe de sel et versez ¾ de litre d'eau froide dans la casserole. Faites frémir l'eau, baissez alors le feu et laissez mijoter le contenu de la casserole pendant 30 à 45 minutes. Posez le tamis sur une autre casserole et versez les têtes de poisson avec le bouillon dans le tamis. Retirez les arêtes et autres déchets du tamis et passez le poisson et les légumes.
Portez le bouillon de nouveau à ébullition. Coupez les gros poissons en darnes de 5 cm de largeur; laissez entiers les petits poissons.
Mettez les biscottes dans le bouillon et ajoutez-y le poisson. Portez le contenu de la casserole rapidement à ébullition. Baissez ensuite le feu et laissez cuire le poisson à point pendant 8 à 10 minutes à feu doux. Entre-temps, faites chauffer 50 g de beurre, incorporez-y en remuant les 50 g de farine et continuez à tourner jusqu'à ce que la farine soit à point et forme une pâte homogène avec le beurre.
Retirez le poisson de la casserole à l'aide de l'écumoire ou versez-le avec le bouillon à travers le tamis, posé sur un récipient afin de pouvoir recueillir le bouillon. Mélangez le bouillon avec le beurre travaillé et ajoutez-y également, en remuant sans cesse, les biscottes écrasées. Ajoutez le reste de beurre par noix, tout en remuant la sauce. Ajoutez-y le vin et retirez quelques instants la casserole du feu. Battez les jaunes d'œufs avec la crème et ajoutez-y, toujours en remuant, une petite quantité de la sauce chaude. Mettez le poisson dans la sauce et réchauffez celle-ci sans la porter à ébullition. Goûtez la sauce, rectifiez éventuellement l'assaisonnement et accommodez de jus de citron. Eteignez le feu. Incorporez le mélange de jaunes d'œufs, de la crème et de la sauce au contenu de la casserole, et servez le waterzoï bien chaud.

L'anguille européenne

Quatre mille kilomètres, c'est le chemin que parcourt l'anguille européenne avant d'arriver dans votre assiette. En effet, les anguilles adultes pondent leurs œufs au printemps, dans la mer des Sargasses. Les œufs éclosent en été. Les larves grandissent, se transforment et dérivent lentement vers l'Europe, emportées par le Gulf Stream. Elles deviennent des civelles transparentes. Les anguilles ont presque atteint le stade adulte lorsqu'elles atteignent les rivières de leur choix. Les adultes séjournent en eau douce avant de retourner vers la mer des Sargasses pour le frai, les femelles au bout de 10 à 18 ans et les mâles au bout de 8 à 10 ans. A condition de n'avoir pas fait les délices de gastronomes...

Potage aux anguilles

Préparation: 30 à 35 minutes

Ingrédients pour 4 à 6 personnes:
1 anguille de 250 g, fraîche ou fumée
sel
1 oignon moyen grossièrement coupé
1 carotte émincée
quelques branches de persil ou de céleri
50 g d'oseille émincée
ou 2 cuillerées à soupe de jus de citron
50 g de cerfeuil finement coupé
75 g de beurre
65 g de farine
poivre du moulin
1 jaune d'œuf

Principaux ustensiles de cuisine:
écumoire, tamis, fouet

Préparation:

Lavez l'anguille et coupez-la en tronçons de 3 à 4 cm. Portez 1 ½ litre d'eau avec ½ cuillerée à soupe de sel, l'oignon, la carotte et le persil à ébullition. Mettez l'anguille dans la casserole au moment où l'eau bout. Laissez bouillir 5 minutes et retirez l'anguille à l'aide de l'écumoire. Ajoutez l'oseille ou le jus de citron au bouillon ainsi que le cerfeuil et, après avoir baissé le feu, laissez mijoter le liquide pendant 15 à 20 minutes.

Posez le tamis sur une casserole ou une terrine, passez le bouillon et, autant que possible, les légumes en les écrasant légèrement. Faites chauffer le beurre dans la casserole ayant servi à la cuisson de l'anguille et ajoutez-y la farine en remuant. Laissez-la revenir quelques instants.

Ajoutez ensuite, toujours en remuant vivement, le bouillon et portez le potage à ébullition. Maintenez l'ébullition quelques instants, puis baissez le feu.

Ajoutez les tronçons d'anguille au potage. Battez le jaune d'œuf avec quelques cuillerées du potage chaud dans la soupière. Versez le reste de potage aux anguilles sur le jaune d'œuf et servez-le bien chaud.

Waterzoï de poisson

Le waterzoï est un plat de poisson typiquement belge, comparable à la bouillabaise française. On l'accompagne généralement de pain beurré.

Filets d'églefin à la moutarde

La préparation de ce plat peut être simplifiée. Vous pouvez préparer le poisson sans détacher les filets, en le débarrassant seulement de la tête et des nageoires, et le servir avec la sauce.

Filets d'églefin à la moutarde

Préparation: 40 à 45 minutes

Ingrédients pour 4 personnes:
4 filets d'églefin de 200 g pièce
têtes et arêtes de l'églefin
le jus de 1 citron
le zeste mince de ½ citron
½ petit oignon coupé grossièrement
1 carotte émincée
quelques branches de céleri ou de persil
une toute petite feuille de thym ou une pincée de thym en poudre
1 petite feuille de laurier
5 grains de poivre concassés
50 g de beurre
1 petit oignon très finement émincé
40 g de farine
3 cuillerées à soupe de crème fraîche
2 ou 3 cuillerées à soupe de moutarde
poivre du moulin, sel
quelques feuilles de persil
quelques demi-rondelles de citron

Préparation:
Salez légèrement les filets et arrosez-les de la moitié du jus de citron. Posez les filets l'un sur l'autre et laissez-les reposer à couvert.
Lavez les têtes et les arêtes, et mettez-les dans une casserole avec le zeste de citron, l'oignon, la carotte et le céleri. Ajoutez-y le thym, le laurier, le poivre, 6 dl d'eau froide et le reste du jus de citron. Portez l'eau à ébullition et laissez cuire à feu doux pendant 20 minutes.
Posez le tamis sur une casserole ou une terrine et versez les têtes de poisson avec le bouillon dans le tamis. Faites reprendre l'ébullition du bouillon et mettez-y les filets de poisson. Laissez frémir le bouillon pendant 5 à 7 minutes. Entre-temps, chauffez le beurre dans une poêle.
Faites revenir l'oignon dans le beurre et ajoutez-y la farine. Remuez jusqu'à ce que la farine soit bien incorporée au beurre et retirez quelques instants la poêle du feu. Contrôlez si le poisson est cuit à point. Disposez les filets de poisson sur un plat préchauffé et tenez le poisson au chaud. En remuant continuellement, mélangez le bouillon avec le beurre, la farine et l'oignon. Quand la sauce est bien liée, maintenez l'ébullition à feu doux, sans cesser de tourner, jusqu'à ce que la farine soit bien à point.
Mélangez la crème et 2 cuillerées à soupe de moutarde, et incorporez ce mélange à la sauce, toujours en remuant. Versez la sauce dans une saucière préalablement rincée à l'eau bouillante. Décorez les filets de poisson de persil et de demi-rondelles de citron.

Harengs saurs frits

Les harengs saurs frits peuvent être servis chauds ou froids, soit avec du pain, soit accompagnés de pommes de terre et d'une sauce au beurre, ou encore avec des pommes de terre frites et du chou rouge ou des betteraves rouges.

Harengs saurs frits

Préparation: 15 à 20 minutes
Temps de repos: 45 à 60 minutes

Ingrédients pour 4 personnes:

8 harengs saurs
poivre du moulin, sel
huile, farine

Préparation:

Etêtez les poissons et fendez-les sur toute la longueur du dos en partant de la tête. Enlevez l'arête dorsale et étalez les harengs ouverts sur la table de travail. Retirez les intestins et réservez la laitance ou les œufs. Frottez la cavité stomacale avec un peu de sel pour éliminer la petite membrane noire et le sang. Lavez les harengs saurs à l'eau froide et séchez-les avec du papier absorbant. Salez et poivrez les harengs, refermez-les et mettez-les une heure environ dans une passoire.

Versez 1 cm d'huile dans une poêle. Ouvrez les harengs et passez-les soigneusement dans la farine. Dès qu'il se dégage une vapeur légèrement bleuâtre de l'huile, faites frire les harengs, d'abord du côté de la peau, puis de l'autre côté; 5 minutes suffisent pour bien les dorer.

Laissez égoutter les poissons quelques instants sur du papier absorbant, puis disposez-les, la peau vers le bas, sur un plat préchauffé. Salez légèrement la laitance ou les œufs, passez-les dans la farine et faites-les frire à point pendant 1 minute. Couvrez la poêle pour éviter les éclaboussures.

Mettez les œufs sur le même plat que les harengs ou servez-les séparément avec du pain.

Harengs farcis

Préparation: 30 minutes
Cuisson au four: 20 à 25 minutes

Ingrédients pour 4 personnes:

4 harengs frais (poids total: 50 g)
4 cuillerées à soupe de jus de citron
50 g de beurre
1 gros oignon très finement haché
2 œufs durs écalés
2 cuillerées à soupe de ciboulette hachée
2 cuillerées à soupe de persil haché
poivre du moulin, sel
2 cuillerées à soupe d'huile

Principaux ustensiles de cuisine:

passoire, pinceau à beurre, 4 feuilles d'aluminium, four (180°C), paire de ciseaux, papier absorbant

Préparation:

Lavez et étêtez les harengs, coupez les nageoires, incisez le ventre jusqu'à l'arête dorsale et ouvrez les harengs. Débarrassez-les des arêtes, des intestins et de la queue. Enlevez, en frottant avec un peu de sel, les petites membranes noires de la cavité stomacale, puis lavez les poissons à l'eau froide et séchez-les avec du papier absorbant. Aspergez les harengs du jus de citron et salez-les. Disposez les harengs l'un sur l'autre dans la passoire. Faites chauffer 30 g de beurre et faites-y revenir l'oignon sans lui faire prendre couleur. Versez le beurre avec l'oignon dans un grand bol ou une terrine. Emiettez les œufs à la fourchette. Mélangez les œufs émiettés ainsi que la ciboulette et le persil avec l'oignon rissolé. Assaisonnez selon votre goût.

Préchauffez le four. Entre-temps, badigeonnez 4 feuilles d'aluminium d'huile. Disposez un hareng sur chaque feuille, répartissez la farce sur les quatre poissons et refermez-les. Pliez la feuille d'aluminium sur les poissons dans le sens de la longueur; ensuite, emballez les harengs en pliant deux ou trois fois les feuilles sur leur longueur et leur largeur. Disposez les quatre paquets sur la plaque à pâtisserie et enfournez celle-ci à mi-hauteur. Retournez les paquets au bout de 15 minutes, laissez cuire l'autre côté pendant 5 à 10 minutes et retirez-les du four.

Dressez les quatre paquets sur un plat de service. Coupez la feuille d'aluminium sur la longueur et servez les harengs farcis aussitôt.

Harengs farcis
Servez les harengs, présentés sur la feuille d'aluminium, avec du riz ou une purée de pommes de terre et une salade de laitue, de tomates ou de concombres.

Anguilles à l'aneth

Préparation: 30 à 35 minutes
Temps de repos: 30 minutes

Ingrédients pour 4 personnes:

800 à 1 000 g d'anguilles dépouillées
2 cuillerées à soupe d'huile
poivre, sel
½ feuille de laurier
1 carotte émincée
1 petit oignon émincé
une pincée d'estragon en poudre
1 cuillerée à soupe de cerfeuil frais
2 cuillerées à soupe de céleri finement haché
1 ½ dl de vin blanc sec
le jus de ½ citron
2 ½ dl de lait, 1 jaune d'œuf
1 cuillerée à soupe de farine
2 cuillerées à soupe de fécule de maïs
4 cuillerées à soupe de crème fraîche
4 cuillerées à soupe d'aneth finement haché

Préparation:

Lavez l'anguille et coupez-la en tronçons de 4 à 6 cm. Faites chauffer l'huile dans une casserole, salez et poivrez les tronçons d'anguille, et mettez-les dans la casserole. Ajoutez-y le laurier, la carotte, l'oignon, l'estragon, le cerfeuil et le céleri, et faites macérer 30 minutes à couvert jusqu'à ce que le poisson soit bien imprégné de tous ces condiments. Retirez la feuille de laurier de la casserole et mettez celle-ci sur la cuisinière à feu doux.

Versez le vin dans la casserole et ajoutez-y le jus de citron. Baissez le feu dès que le liquide commence à frémir et daubez l'anguille qui sera à point en 10 à 15 minutes. Versez ensuite très lentement le lait dans la casserole en le laissant couler le long de la paroi. Retirez l'anguille à l'aide de l'écumoire dès que le lait frémit.

Préparez un liant en mélangeant le jaune d'œuf, la farine, la fécule de maïs, la crème et une petite quantité d'eau. Versez ce mélange dans la casserole en remuant sans cesse, de façon à obtenir une sauce bien liée et lisse. Incorporez-y l'aneth et faites chauffer l'anguille dans cette sauce. Goûtez et rectifiez éventuellement l'assaisonnement. Servez immédiatement.

Potée de hareng

Potée de hareng
Accompagné de pommes de terre vapeur, ce plat est un vrai délice pour les amateurs de hareng.

Préparation: 20 à 25 minutes
Temps de repos: 12 à 24 heures
Marinade: 12 heures

Ingrédients pour 4 personnes:
4 harengs salés
125 g de yaourt, 200 g de mayonnaise
1 ou 2 pommes d'api aigres-douces
2 oignons moyens pelés
2 cornichons au vinaigre de la grosseur d'un doigt
1 feuille de laurier
poivre du moulin, sel

Préparation:
Faites mariner les harengs pendant 12 heures dans une grande quantité d'eau, que vous renouvellerez de temps en temps.
Ensuite, fendez les harengs dans le sens de la longueur, débarrassez-les des arêtes et contrôlez si les poissons sont tendres et suffisamment dessalés. Sinon, laissez-les tremper encore 12 heures dans beaucoup d'eau. Séchez alors les filets de hareng avec du papier absorbant. Incorporez le yaourt à la mayonnaise en battant vivement et mettez les filets dans cette sauce. Lavez et séchez les pommes; enlevez-en le cœur et les pépins; coupez-les en quartiers assez minces. Coupez l'oignon en rondelles très fines et partagez les cornichons en tranches pas trop grosses. Incorporez les pommes, l'oignon, les cornichons et la feuille de laurier à la sauce où baignent les filets de hareng et laissez reposer au frais dans un pot ou une terrine couverte, pendant 12 heures. Avant de servir cette préparation, retirez la feuille de laurier et rectifiez éventuellement l'assaisonnement.

Anguille à la mode d'Aalsmeer

Préparation: 20 à 30 minutes

Ingrédients pour 4 personnes:
500 g d'anguille
poivre du moulin, sel
une pincée de cannelle en poudre
2 cuillerées à soupe d'huile
2 cuillerées à soupe de beurre
2 cuillerées à soupe de mélasse

Préparation:
Lavez l'anguille, coupez-la en tronçons de 4 à 5 cm de longueur, poivrez-les et frottez-les avec du sel. Dressez les tronçons l'un contre l'autre, dans une cocotte ou une casserole pas trop grande.

Portez 2 ½ dl d'eau à ébullition et versez-la sur l'anguille. Faites reprendre l'ébullition. Au bout de 5 minutes, enlevez le couvercle de la casserole et laissez l'eau s'évaporer presque entièrement. Mélangez une pincée de cannelle avec l'huile et répartissez celle-ci sur le poisson. Ajoutez le beurre dès que l'huile a coulé vers le fond de la casserole. Répartissez la mélasse sur les tronçons d'anguille, baissez le feu et laissez dorer. Servez bien chaud.

Anguille aux haricots blancs

Préparation: 25 à 30 minutes

Ingrédients pour 4 personnes:

4 anguilles moyennes dépouillées
poivre du moulin
sel
3 cuillerées à soupe d'huile
½ petit oignon très finement émincé
1 gousse d'ail
1 pincée de sambal oulek
150 g de tomates pelées
750 g de haricots blancs cuits à point
tabasco

Préparation:

Lavez les anguilles, coupez-les en tronçons de 4 cm de longueur. Poivrez-les et salez-les. Faites chauffer l'huile; mettez-y les tronçons d'anguille et faites-les fondre et prendre couleur à feu doux, en les retournant de temps en temps.

Ajoutez-y l'oignon et l'ail.

Faites revenir l'oignon sans lui faire prendre couleur.

Ajoutez ensuite le sambal oulek. Coupez les tomates en morceaux, épépinez-les et ajoutez-les à l'anguille.

Laissez bien égoutter les haricots et versez-les dans la casserole contenant l'anguille et les tomates.

Goûtez le mets lorsque les haricots sont bien chauds et assaisonnez à votre goût, et ajoutez un rien de tabasco.

Laissez quelque peu refroidir dans des petits raviers en grès ou en porcelaine.

Anguille aux haricots blancs
Ce mets d'origine espagnole se prépare traditionnellement dans la province de Navarre, dans des pots en grès ou en faïence, le jour de la Sainte-Anne.

Galettes de poisson

Un mets dont la préparation ne pose aucune difficulté et qui se réalise en un rien de temps. Vous le servirez comme entrée ou accompagné de pain.

Galettes de poisson

Préparation: 20 à 25 minutes

Ingrédients pour 4 personnes:

*400 g de poisson cuit
ou de restes de poisson sans arêtes
75 g de pain rassis
ou 100 g de restes de pommes de terre
2 œufs, 1 dl de lait
3 cuillerées à soupe de ciboulette
ou de persil très finement haché
noix de muscade râpée ou en poudre
poivre du moulin, sel
jus de citron
farine, chapelure, 75 g de beurre
quelques petits bouquets de persil*

Préparation:

Partagez le poisson en petits morceaux. Vérifiez qu'il ne reste plus d'arêtes. Emiettez le pain dans une terrine. Cassez un œuf en séparant le jaune du blanc. Ajoutez le jaune d'œuf, ainsi que le second œuf, au pain. Emiettez le pain à la fourchette ou au mixeur et ajoutez du lait ou de la sauce en quantité suffisante pour obtenir un mélange ferme et homogène.

Mélangez-y, en remuant sans cesse, le poisson et le persil, et assaisonnez le tout à l'aide de noix de muscade, de poivre, de jus de citron et de sel. Divisez ce mélange en 8 portions de grandeur à peu près égale. Confectionnez-en des boulettes et aplatissez celles-ci en les passant dans la farine. Battez le blanc d'œuf sans le rendre trop aéré, en y incorporant une cuillerée à café d'eau et une pincée de sel. Passez les galettes aplaties d'abord dans l'œuf, ensuite dans la chapelure. Faites chauffer le beurre et faites-y cuire les galettes lentement à feu doux, jusqu'à ce qu'elles soient bien dorées des deux côtés. Servez les galettes de poisson sur un plat préchauffé et décorez-les de branches de persil.

Le gibier et la volaille

Faisan aux raisins
Poulet braisé
Poulet au riz et aux bananes
Poulet à la choucroute
Poulet au curry
Poulet au paprika et à la sauce tomate
Poulet aux légumes
Canard farci
Canard aux petits pois
Lièvre à la daube
Lapin farci

Faisan aux raisins

Préparation:
1 heure 15 à 1 heure 30

Ingrédients pour 4 personnes:
1 faisan prêt à cuire et bridé,
de 1 200 à 1 500 g
foie et cœur du faisan
thym en poudre ou marjolaine
poivre du moulin
sel
le zeste mince de ½ citron
6 baies de genévrier légèrement écrasées
150 g de lard gras frais en fines tranches
3 cuillerées à soupe d'huile
100 g de beurre
5 à 7 cuillerées à soupe de cognac
1 petite feuille de laurier
quelques branches de persil
1 cuillerée à soupe de farine
50 g de raisins secs blancs épépinés
500 g de raisins blancs
2 dl de vin blanc ou de cidre
2 grosses pommes douces
1 cuillerée à soupe de cassonade foncée
une bonne pincée de cannelle en poudre

Principaux ustensiles de cuisine:
fil de cuisine, petite cuillère à sauce, tamis métallique, vide-pomme, paire de ciseaux

Préparation:
Lavez le faisan tant à l'intérieur qu'à l'extérieur à l'eau tiède et épongez-le soigneusement à l'aide d'un linge ou de papier absorbant.
Mettez le foie et le cœur à tremper dans une grande quantité d'eau froide.
Saupoudrez la cavité du corps de thym, de poivre et de sel; introduisez-y ensuite le zeste de citron et les baies de genévrier.
Disposez les tranches de lard sur le dessus du faisan de façon qu'elles se chevauchent. Réservez 5 tranches de lard. Fixez les tranches à l'aide du fil de cuisine. Disposez également une tranche de lard sur le ventre et sur chacune des deux pattes, et ficelez.
Coupez les cinq tranches de lard que vous avez réservées en petits morceaux.
Faites fondre le lard coupé menu dans l'huile préalablement chauffée; retirez les lardons de la poêle et réservez-les.
Ajoutez la moitié du beurre à l'huile et faites rissoler le faisan en le retournant régulièrement jusqu'à ce qu'il soit coloré sur toutes les faces.

Dans la cuillère à sauce tenue à quelque distance au-dessus de la flamme, faites chauffer 4 cuillerées à soupe de cognac.
Versez le cognac sur le faisan et flambez-le.
Ajoutez le reste du cognac au beurre et mettez-y la feuille de laurier et quelques branches de persil. Ajoutez 30 grammes de beurre, couvrez la casserole et laissez cuire le faisan presqu'à point (45 à 50 minutes). Ajoutez du beurre lorsque le beurre dans la casserole a tendance à devenir trop foncé. Retirez ensuite le foie et le cœur du faisan de l'eau, épongez-les à l'aide de papier absorbant et coupez les abattis en petits morceaux. En même temps, éliminez les petites peaux et les vaisseaux sanguins apparents.
Mélangez-y la farine et mettez ce mélange dans la casserole contenant le faisan.
Retournez de temps en temps les petits morceaux d'abattis et faites-les cuire à point.
Pendant ce temps, enlevez les queues des raisins; passez vivement les raisins secs au tamis de telle façon que les petites queues s'en détachent.
Lavez les raisins et les raisins secs, et mettez-les dans la casserole avec le reste du beurre et le vin.
Lavez, séchez et épluchez les pommes. Enlevez-en les pépins et le cœur au vide-pomme. Coupez les pommes en tranches et ensuite en petits cubes.
Coupez les fils entourant le faisan, enlevez-les et retirez le lard de la casserole. Laissez colorer le dessus du faisan, qui a été lardé. Mettez alors les cubes de pomme et les petits lardons que vous aviez réservés dans la casserole. Coupez le lard qui a cuit avec le faisan également en petits morceaux et parsemez-en le faisan en le saupoudrant de cassonade et de cannelle.
Retirez la feuille de laurier de la casserole. Couvrez celle-ci et laissez mitonner le faisan 3 minutes à feu très doux.
Disposez le faisan sur un plat de service préchauffé; tenez ce dernier au chaud. Mélangez, en remuant bien, tous les ingrédients restés dans la casserole et ajoutez-y éventuellement encore un peu d'eau bouillante. Goûtez la sauce. Rectifiez si nécessaire l'assaisonnement à l'aide de poivre ou de sel. Partagez la sauce en versant une partie sur le faisan et le reste dans la saucière rincée à l'eau bouillante.

Faisan aux raisins
Autrefois, ce savoureux plat de gibier était souvent accompagné de lentilles ou de marrons glacés, mais on peut tout aussi bien le servir avec une purée de pommes de terre.

86

Poulet braisé

Préparation: 40 à 45 minutes

Ingrédients pour 4 personnes:
1 poulet de 1 800 à 2 000 g
le jus de 1 citron
poivre du moulin, sel
farine, ½ dl de bouillon de poulet
3 cuillerées à soupe d'huile, 80 g de beurre
4 cuillerées à soupe de lait
2 jaunes d'œufs, 1 ½ à 2 dl de crème
une bonne pincée du zeste râpé de 1 citron
3 cuillerées à soupe de farine
2 cuillerées à soupe de fécule de maïs
clous de girofle en poudre
3 cuillerées à soupe de persil haché
1 cuillerée à soupe de ciboulette hachée

Préparation:
Coupez le poulet d'abord longitudinalement, puis transversalement, en morceaux. Lavez ceux-ci, essuyez-les avec du papier absorbant et aspergez-les de quelques gouttes de jus de citron. Incorporez du poivre et du sel à la farine, et roulez les morceaux de poulet dans la farine. Portez le bouillon à ébullition dans une casserole. Mettez-y les morceaux de poulet et faites reprendre l'ébullition à feu vif. Ensuite, laissez mijoter le poulet à couvert pendant 25 à 30 minutes. Retirez le poulet de la casserole. Laissez sécher le blanc de poulet et refroidir le bouillon pendant quelques instants.

Faites chauffer l'huile, ajoutez-y la moitié du beurre et laissez rissoler lentement les morceaux de poulet jusqu'à ce qu'ils soient dorés de toutes parts. Pendant la cuisson, ajoutez le reste de beurre et, cuillerée par cuillerée, le lait. Mélangez les jaunes d'œufs battus, 1 ½ dl de crème, le zeste du citron, la farine, la fécule de maïs et une partie du bouillon de poulet en une bouillie lisse. Faites chauffer le reste du bouillon et ajoutez-le, en battant vivement, au mélange que vous venez de préparer.

Versez le liquide à nouveau dans la casserole, baissez le feu et, tout en remuant, liez la sauce jusqu'à ce qu'elle soit bien lisse.

Portez la sauce à ébullition et ajoutez-y, selon votre goût, des clous de girofle en poudre, du poivre ou du sel.

Enfin, incorporez en remuant le reste du beurre, le persil et la ciboulette à la sauce. Versez une partie de la sauce sur le poulet et le reste dans une saucière rincée à l'eau bouillante.

Poulet braisé
Du riz et une salade de crudités accompagneront idéalement ce poulet braisé.

Poulet au riz et aux bananes

Préparation: 40 à 45 minutes

Ingrédients pour 4 personnes:
600 à 750 g de morceaux de poulet
sel, 1 petit oignon grossièrement coupé
1 carotte émincée, 4 ou 5 brins de safran
quelques branches de persil ou de céleri
un petit morceau de macis
1 feuille de laurier, 80 g de beurre
300 g de riz à grains longs ou de riz siamois
1 gousse d'ail très finement émincée
1 cube ou ½ tablette de bouillon de poulet
100 g d'amandes mondées concassées
5 bananes pelées, 3 tomates pelées

Préparation:
Lavez les morceaux de poulet; mettez-les dans une cocotte avec 5 dl d'eau chaude, ¼ de cuillerée à soupe de sel, l'oignon, la carotte, le persil, le macis et la feuille de laurier.

Portez l'eau lentement à ébullition, baissez le feu dès que l'eau bout et laissez cuire la viande à point (15 à 20 minutes). Versez le contenu de la casserole dans un tamis, en recueillant le bouillon. Faites chauffer 40 g de beurre, ajoutez-y le riz et laissez-le rissoler, en remuant sans cesse, jusqu'à ce qu'il soit bien doré. Ajoutez en dernière minute l'ail émincé. Mettez le cube de bouillon et le safran dans la cocotte, et versez le bouillon de poulet dessus. En remuant régulièrement, portez le bouillon à ébullition. Couvrez la cocotte, baissez le feu et laissez cuire le riz à point. Retirez les morceaux de poulet du tamis et débarrassez-les des fragments de peau. Faites chauffer 10 grammes de beurre, grillez-y les amandes en les secouant dans la poêle jusqu'à ce qu'elles soient dorées. Retirez-les de la poêle et faites chauffer le reste du beurre. Disposez les bananes côte à côte dans la poêle et laissez-les dorer. Coupez les tomates en tranches et épépinez-les. Contrôlez si le riz est cuit à point. Mettez-le sur le plat de service et posez le poulet sur le riz. Décorez le mets avec les amandes grillées, les bananes cuites et les tranches de tomate.

Poulet à la choucroute

Préparation: 40 à 45 minutes

Ingrédients pour 4 personnes:
100 g de lard fumé coupé en petits dés
60 g de beurre
4 petites cuisses de poulet
2 gros oignons finement émincés
poivre du moulin
sel
500 g de choucroute

Préparation:
Mettez le lard dans une poêle, ajoutez-y le beurre et faites fondre le lard à feu doux. Retirez les lardons de la poêle.
Lavez les cuisses de poulet et essuyez-les avec du papier absorbant. Saupoudrez les cuisses de poulet de poivre et de sel, et laissez-les colorer de toutes parts.
En dernière minute, faites revenir les oignons sans les laisser prendre couleur.
Passez une fourchette à travers la choucroute de façon à la défaire quelque peu et mélangez-la avec les lardons fondus.
Mettez la choucroute sur les cuisses de poulet dans une cocotte, versez-y lentement 1 ½ dl d'eau bouillante et couvrez aussitôt après la reprise de l'ébullition. Baissez le feu et laissez cuire à point les cuisses de poulet pendant 25 à 30 minutes.
Disposez la choucroute sur un plat de service préchauffé et mettez les cuisses de poulet sur la choucroute.
Versez la sauce sur la choucroute ou servez-la séparément dans une saucière. Combinez ce plat avec une purée de pommes de terre.

Poulet ou dinde?
Dans beaucoup de recettes, le poulet se laisse avantageusement remplacer par une dinde ou des morceaux de dinde. Du temps de nos grand-mères, les dindes ne se vendaient qu'à certaines époques de l'année. Il n'en est plus de même aujourd'hui, puisqu'on peut se procurer cette volaille, fraîche ou surgelée, tout au long de l'année. Il faut compter environ 300 g de dinde non désossée par personne. Pour certains mets, un poulet entier peut être trop volumineux; dans ce cas, on peut très bien se tirer d'affaire avec des cuisses ou des morceaux de poulet.

Poulet au curry

Préparation: 45 à 55 minutes

Ingrédients pour 4 personnes:
1 poulet de 800 à 1 000 g
poivre du moulin
sel
60 g de beurre
1 cuillerée à soupe de sucre
1 ou 1 ½ cuillerée à café de curry
⅛ l de crème fraîche

Préparation:
Découpez le poulet en morceaux, salez-les, poivrez-les et laissez-les reposer 10 minutes.
Faites chauffer le beurre et laissez-y dorer les morceaux de poulet en les retournant.
Jetez le curry en pluie dans la casserole. Dissolvez le sucre dans 3 cuillerées d'eau chaude et versez cette solution dans la casserole. Retournez à nouveau les morceaux de poulet. Laissez couler lentement la crème le long de la paroi de la casserole. Baissez le feu dès ébullition et laissez cuire à point. Servez bien chaud.

Poulet au paprika et à la sauce tomate

Préparation: 40 à 45 minutes

Ingrédients pour 4 personnes:
4 cuisses de poulet
poivre du moulin, sel
1 ½ cuillerée à café de paprika en poudre
3 cuillerées à soupe d'huile
75 g de beurre
2 oignons moyens très finement émincés
1 gousse d'ail
½ cuillerée à café de graines de cumin
2 cuillerées à soupe de fécule de maïs
ou de pomme de terre
3 cuillerées à soupe de purée de tomates
½ litre de bouillon de poulet
2 carottes moyennes ou 5 ou 6 jeunes carottes
une pincée de sucre

Préparation:
Lavez les cuisses de poulet et séchez-les soigneusement avec du papier absorbant. Assaisonnez-les légèrement de poivre, de sel et de paprika. Faites chauffer l'huile et laissez dorer les cuisses de poulet en les retournant de temps en temps. Retirez le poulet de la cocotte, mettez-y le beurre et rissolez les oignons émincés et l'ail à feu vif jusqu'à ce qu'ils prennent une couleur légèrement dorée.

Ajoutez le cumin. Préparez un liant en mélangeant le reste du paprika, la fécule de maïs et la purée de tomates avec le bouillon de poulet. Versez ce mélange dans la cocotte. Lavez les carottes, grattez-les, émincez-les ou râpez-les. Mettez les carottes dans la casserole et remuez jusqu'à ébullition du bouillon. Remettez les cuisses de poulet dans la cocotte et laissez-les mitonner 25 à 30 minutes.

Contrôlez si le tout est cuit à point.

Goûtez la sauce et rectifiez éventuellement l'assaisonnement.

Poulet au paprika et à la sauce tomate

Du riz et des haricots verts étuvés au beurre formeront l'accompagnement idéal de ce mets.

91

Poulet aux légumes

Poulet aux légumes

Vous pouvez servir ce mets avec une purée de pommes de terre, du riz ou des pommes de terre rissolées.

Préparation: 50 à 55 minutes

Ingrédients pour 4 personnes:

1 poulet de 2 kg
poivre du moulin, sel
100 g de beurre
1 cuillerée à soupe de fécule de pomme de terre
1 cuillerée à café de sucre
4 à 6 carottes en rondelles très minces
2 oignons moyens finement émincés
2 poireaux moyens, 2 dl de bouillon de poulet
400 g de haricots blancs ou de petits pois

Préparation:

A l'aide d'un couteau bien aiguisé, découpez le poulet d'abord dans le sens de la longueur, puis transversalement, en 4 morceaux. Essuyez le poulet avec du papier absorbant; salez-le et poivrez-le. Faites chauffer 60 g de beurre et mettez-y rissoler les morceaux de poulet à feu doux jusqu'à ce qu'ils soient dorés de toutes parts. Retirez le poulet de la cocotte, ajoutez la fécule de pomme de terre au beurre de la cocotte et remuez jusqu'à ce que la fécule soit dorée à son tour. Versez 1 dl d'eau bouillante dans la cocotte et maintenez l'ébullition quelques instants jusqu'à ce que le jus soit bien lié.

Assaisonnez à votre goût et versez la sauce dans une petite poêle. Mettez le reste du beurre dans la cocotte ayant servi à la cuisson du poulet. Laissez bien chauffer le beurre et ajoutez-y le sucre. Dès que le sucre a pris une couleur marron clair, mettez les rondelles de carotte dans la cocotte, puis mélangez-y les oignons émincés, tout en remuant. Baissez le feu, couvrez et laissez mijoter les légumes pendant quelques minutes. Entre-temps, coupez les poireaux en fines lanières, lavez-les et ajoutez-les aux carottes et à l'oignon.

Mettez les morceaux de poulet à nouveau dans la cocotte. Laissez-y couler lentement le bouillon le long de la paroi. Portez le bouillon à ébullition, couvrez, baissez le feu et laissez cuire à point le poulet avec les légumes.

Egouttez les haricots blancs ou les petits pois. Disposez-les sur le contenu de la cocotte et versez-y également le jus que vous aviez déjà préparé. Après 5 à 8 minutes, contrôlez si le poulet et les légumes sont cuits à point. Retirez le poulet de la cocotte. Mélangez les légumes en ajoutant éventuellement un peu de poivre ou de sel. Disposez une partie des légumes sur le plat de service, mettez les morceaux de poulet sur ce lit de légumes et décorez le tout avec le reste des légumes.

Canard farci

Préparation: 20 à 25 minutes
Cuisson au four: 1 heure 20 à 1 heure 35

Ingrédients pour 4 personnes:
2 canards de 1 ¼ à 1 ¾ kg
cœur, estomac et foie des canards
marjolaine en poudre
ou une feuille séchée de marjolaine
poivre du moulin, sel
½ cuillerée à soupe de farine, 100 g de beurre
1 kg de pommes à compote
1 oignon moyen finement émincé
200 g de jambon cru coupé en petits dés
4 tranches de pain blanc coupées en cubes
2 œufs, 4 cuillerées à soupe de lait
4 pommes aigres-douces à chair ferme
1 cuillerée à soupe de cassonade foncée

Principaux ustensiles de cuisine:
pinceau à beurre, vide-pomme, fil de cuisine,
plat à gratin, four (200°C)

Préparation:
Contrôlez si les deux glandes sébacées situées
sous le croupion des canards ont été éliminées.
Lavez soigneusement les canards, tant à l'intérieur qu'à l'extérieur, et séchez-les à l'aide de
papier absorbant. Mettez les cœurs, les estomacs
et les foies à tremper dans de l'eau froide.
Saupoudrez l'intérieur des canards d'un mélange
de marjolaine, de poivre et de sel. Salez et
poivrez également l'extérieur. Pratiquez une
incision dans les estomacs et coupez la peau dure
qui recouvre le gésier pour la détacher de la
chair rouge foncé. Jetez cette peau dure. A
l'aide d'un couteau bien aiguisé, enlevez les
fibres blanches des cœurs et des foies des
canards.
Découpez les parties rouges des estomacs, des
cœurs et des foies en petits morceaux, et saupoudrez-les d'un peu de farine, de poivre et de sel.
Faites chauffer 20 grammes de beurre dans une
poêle et rissolez-y les abattis jusqu'à ce qu'ils
prennent une couleur rosée. Lavez et épluchez
les pommes à compote. Enlevez-en le cœur et les
pépins au vide-pomme. Coupez les pommes
transversalement en tranches de la largeur d'un
doigt et partagez ces tranches en petits cubes.
Mettez les pommes avec l'oignon, le jambon et
le pain dans une terrine ou un grand bol.
Ajoutez-y les abattis et mélangez. Battez les
œufs dans le lait et ajoutez-les, en remuant
sans cesse, au mélange de pommes, d'oignon,
de jambon, de pain et d'abattis. Glissez la
grille dans le four à mi-hauteur et préchauffez le four. Beurrez le plat à gratin. Divisez le mélange oignon, pommes, jambon, abattis, pain,
œufs et lait en deux portions égales et farcissez chaque canard avec une de ces portions.
Fermez l'orifice par lequel la farce a été introdui-
te dans le corps des canards à l'aide du fil de
cuisine. Couvrez le fond du plat à gratin d'eau
chaude. Placez les canards, côté poitrine tourné
vers le bas, dans ce plat et enfournez celui-ci.
Retournez les canards au bout de 15 minutes et
répartissez le reste du beurre sur les canards. A
l'aide d'une fourchette pointue, piquez quelques
fois la peau sous les ailes et les cuisses.
Ajoutez un peu d'eau chaude lorsque le beurre
devient trop foncé et versez de temps à autre une
cuillerée du jus de cuisson sur les canards.
Lavez, séchez et épluchez les pommes douces.
Enlevez-en le cœur et les pépins. Ajoutez les
pommes aux canards lorsque ceux-ci ont cuit 60
à 70 minutes; parsemez les ouvertures créées par
le vide-pomme d'un peu de sucre.
Contrôlez alors, au bout de 10 à 15 minutes, si
les canards sont cuits à point, en bougeant une
des cuisses. Si vous ne rencontrez pas de résis-
tance, retirez le plat à gratin du four et servez les
canards immédiatement.

Canard farci
*Ce mets, hautement apprécié par les
connaisseurs, sera servi de préférence
avec des pommes de terre et une salade ou, dans le cas d'un canard sauvage, avec du chou rouge.*

93

Canard aux petits pois

*Le canard sauvage sera surtout appré-
cié au début de la saison de chasse.
Les petits pois peuvent être relevés
d'un rien de moutarde.*

Canard aux petits pois

Préparation: 20 à 25 minutes
Cuisson au four: 1 heure à 1 heure 10

Ingrédients pour 4 personnes:
*1 canard de 2 ½ kg
poivre du moulin, sel
2 cuillerées à soupe de farine
3 cuillerées à soupe d'huile
1 laitue lavée et essorée
100 g de lard maigre fumé finement émincé*

*1 gros oignon très finement émincé
750 g de petits pois frais écossés
une bonne pincée de sarriette
2 jaunes d'œufs, 60 g de beurre
4 cuillerées à soupe de crème fraîche*

Principaux ustensiles de cuisine:
pinceau à beurre, plat à gratin, four (220°C)

Préparation:
Placez la grille à mi-hauteur dans le four et

préchauffez-le. Beurrez le plat à gratin. Lavez le canard tant à l'intérieur qu'à l'extérieur.

Coupez-le en deux dans le sens de la longueur puis partagez chaque moitié en trois morceaux.

Salez-les, poivrez-les et roulez-les dans la farine. Faites chauffer l'huile dans une poêle, versez-la ensuite dans le plat à gratin et disposez-y les morceaux de canard, côtés entamés tournés vers le bas. Enfournez le plat à gratin.

Coupez la laitue en fines lanières. Faites chauffer le reste du beurre, laissez-y fondre le lard à feu doux et, en dernière minute, faites-y revenir l'oignon émincé jusqu'à ce qu'il soit bien doré.

Après 15 minutes de cuisson, retournez les morceaux de canard dans le plat à gratin et nappez-les de quelques cuillerées du jus de cuisson. Lavez les petits pois. Mélangez les pois et les lanières de laitue avec une pincée de sarriette et ajoutez-les en remuant bien au lard et à l'oignon. Quand le canard a cuit 35 à 45 minutes au four, ajoutez les petits pois et laissez cuire à point le canard avec les légumes.

Versez un peu d'eau chaude dans le plat à gratin lorsque le beurre devient trop chaud.

Battez vigoureusement les jaunes d'œufs en les mélangeant avec la crème. Contrôlez si le canard est cuit à point et disposez-en les morceaux sur un plat de présentation préchauffé.

Retirez les légumes du plat à gratin et ajoutez en fouettant bien le jus de cuisson aux jaunes d'œufs mélangés à la crème.

Servez les légumes et la sauce séparément ou décorez-en les morceaux de canard.

Lièvre à la daube

Préparation:
1 heure 50 à 2 heures
Marinade: 48 heures

Ingrédients pour 4 personnes:

1 jeune lièvre découpé en morceaux
1 l de vin rouge
1 petit oignon grossièrement coupé
1 gousse d'ail
1 branche de céleri coupée menu
1 carotte émincée
2 petites feuilles de laurier
3 clous de girofle
6 baies de genévrier
une pincée de cannelle en poudre
une pincée de marjolaine
une pincée de thym
poivre du moulin
sel
100 g de beurre
50 g de lard gras fumé très finement émincé
2 gros oignons coupés en rondelles très minces

Préparation:

Lavez et séchez soigneusement les morceaux de lièvre. Mettez-les dans une grande terrine et versez le vin dessus. Ajoutez-y l'oignon, l'ail, le céleri, la carotte, les feuilles de laurier, les clous de girofle, les baies de genévrier, la cannelle, la marjolaine et le thym.

Laissez mariner le lièvre pendant 48 heures, en le retournant de temps à autre. Retirez alors les morceaux de lièvre de la terrine où ils ont mariné, essuyez-les avec du papier absorbant et assaisonnez-les de poivre et de sel. Faites chauffer 70 grammes de beurre, laissez-y fondre le lard et rissolez les morceaux de lièvre à feu vif. Ajoutez le reste du beurre et faites-y revenir l'oignon jusqu'à ce qu'il soit légèrement doré.

Passez la marinade au tamis et ajoutez un peu de ce coulis lorsque le beurre devient trop chaud.

Baissez le feu, couvrez la casserole et laissez cuire à point les morceaux de lièvre.

Retirez-les de la casserole, ajoutez 6 cuillerées à soupe de la marinade du jus de cuisson, laissez évaporer partiellement à feu très vif et servez la sauce, répandue sur le lièvre ou versée dans une saucière à part.

Lièvre à la daube

Quelques phases de la préparation: Mettez les morceaux de lièvre, les condiments et les légumes mariner. Faites rissoler les morceaux de lièvre. Passez la marinade au tamis.

Lapin farci
Une purée de pommes de terre et des rondelles de carotte étuvées au beurre constituent l'accompagnement idéal de ce plat.

Lapin farci

Préparation: 30 à 35 minutes
Cuisson au four: 1 heure 50 à 2 heures

Ingrédients pour 4 personnes:
1 lapin de 1 200 g
poivre du moulin
sel
200 g de pain coupé en dés
200 g de jambon cru coupé en dés
200 g de fenouil lavé et émincé
le zeste râpé et le jus de 1 citron
1 gousse d'ail
2 œufs
2 dl de lait
2 dl d'huile ou moitié huile, moitié beurre

Principaux ustensiles de cuisine:
plat rectangulaire à bec verseur ou plat à gratin, fil de cuisine, four (200 °C)

Préparation:
Lavez le lapin et assaisonnez-le de poivre et de sel.
Dans une terrine, mettez le pain en dés avec le jambon, le fenouil, le zeste et le jus de citron ainsi que l'ail. Battez les œufs en y incorporant le lait.
Versez ce mélange dans la terrine et remuez bien de façon à obtenir une préparation homogène. Assaisonnez le tout.
Versez l'huile dans le plat à gratin ou dans le plat rectangulaire à bec verseur. Placez la grille dans le four un peu plus bas que la mi-hauteur, posez le plat à gratin sur la grille et préchauffez le four.
Introduisez la farce à l'intérieur du lapin, ficelez l'ouverture et modelez le lapin de telle façon qu'il s'adapte au mieux aux dimensions et à la forme du plat à gratin. Mettez-le dans le plat.
Arrosez-le de temps à autre du jus de cuisson et laissez-le cuire à point.
Contrôlez régulièrement la cuisson et ajoutez, en la laissant couler le long de la paroi du plat, un peu d'eau chaude lorsque le jus a tendance à devenir trop foncé.
Enlevez le fil un peu avant de servir et servez le lapin en le disposant éventuellement sur un lit de feuilles de laitue.
Goûtez le jus, rectifiez l'assaisonnement si nécessaire et servez le jus dans une saucière rincée à l'eau bouillante.

Les légumes et les pommes de terre

Choucroute garnie
Chou blanc au lard et au hachis
Fèves des marais à la sauce au citron
Fèves des marais au lard fumé
Haricots verts aux poires et au lard
Oignons farcis
Hochepot au plat de côtes
Pommes au lard
Hochepot aux poires
Petits pois et carottes
Potée aux haricots
Pois chiches
Hochepot aux haricots rouges
Chou rouge à la flamande
Haricots rouges au riz
Choux de Bruxelles aux oignons
Potée quatre-quarts
Potée aux pommes de terre
Hochepot au macaroni
Betteraves rouges au lard
Betteraves rouges au boudin
Terrine printanière
Chou frisé avec saucisse
Pot-au-feu
Gratin au lard
Gâteau Parmentier

Choucroute garnie

Préparation:
1 heure 30 à 2 heures

Ingrédients pour 4 personnes:
750 g de choucroute
8 à 10 baies de genévrier
1 jarret de porc ou 750 g de jambonneau
2 oignons moyens coupés grossièrement
8 à 10 grains de poivre, 1 feuille de laurier
200 g de jambon en tranches épaisses
1 grosse pomme de terre épluchée
75 g de graisse ou de beurre
poivre du moulin, sel

Choucroute garnie
Servez cette choucroute garnie avec une purée de pommes de terre ou des pommes de terre nature.

Préparation:

A l'aide de deux fourchettes, éparpillez la choucroute et posez-la par poignées avec les baies de genévrier dans la casserole. Lavez le jarret de porc à l'eau chaude et mettez-le dans une autre casserole, pas trop grande, avec la moitié des oignons, les grains de poivre, la feuille de laurier et une cuillerée à soupe de sel. Versez suffisamment d'eau froide pour couvrir le jarret. Portez l'eau à ébullition et laissez cuire 1 ¼ heure à feu doux. Après 1 heure de cuisson, mettez la choucroute avec l'autre moitié des oignons et 2 ½ dl du bouillon du jarret de porc sur le feu. Vérifiez au bout d'un quart d'heure si le jarret est cuit à point et, dans ce cas, posez-le sur la choucroute. Retirez la feuille de laurier du bouillon et, éventuellement, les grains de poivre. Roulez les tranches de jambon et mettez-les à chauffer dans le bouillon. Retirez-les au bout de 5 à 8 minutes et mettez-les dans la casserole contenant la choucroute. Râpez la pomme de terre ou écrasez-la à l'aide du mixeur. Ajoutez-la au bouillon en remuant, afin de de lier. Versez cette sauce sur la choucroute garnie et ajoutez-y éventuellement de la graisse ou du beurre.

Chou blanc au lard et au hachis

Préparation: 20 à 25 minutes
Cuisson au four: 30 à 40 minutes

Ingrédients pour 4 personnes:

750 g de chou blanc coupé en julienne
1 feuille de laurier
sel
100 g de lard fumé maigre coupé en tranches fines
250 g de hachis mixte
1 tranche de pain bis ou de pain blanc rassis
4 cuillerées à soupe de lait
poivre du moulin
une pincée de noix de muscade
une bonne pincée de cumin
75 g de saindoux ou de beurre
1 gros oignon très finement émincé
2 pommes de terre moyennes épluchées

Principaux ustensiles de cuisine:

passoire ou grand tamis, plat à gratin, four (210°C)

Préparation:

Mettez le chou dans la passoire et lavez-le d'abord à l'eau tiède, ensuite à l'eau froide.
Faites blanchir le chou à l'eau bouillante, dans laquelle il doit baigner jusqu'aux trois-quarts de sa hauteur. Ajoutez-y la feuille de laurier et 2 cuillerées à café de sel, et portez l'eau à ébullition à feu vif.
Baissez le feu et versez le chou, au bout de 5 minutes de cuisson, dans la passoire. Entre-temps, foncez le plat à gratin avec les tranches de lard.
Retirez la feuille de laurier.
Mettez le hachis dans une terrine, émiettez le pain et mettez-le avec le lait, du sel et du poivre, la noix de muscade et le cumin dans la terrine.
Incorporez tous ces ingrédients au hachis.
Faites chauffer la moitié du saindoux dans une poêle et émiettez-y le hachis à l'aide d'une fourchette.
Glissez la grille dans le four à mi-hauteur et préchauffez le four.
Disposez alternativement une couche de chou blanc et une couche de hachis et d'oignon émincé dans le plat à gratin.
Coupez les pommes de terre en fines tranches, disposez-les en guise de couvercle sur le contenu du plat à gratin et ajoutez-y l'autre moitié de saindoux.
Enfournez le plat à gratin jusqu'à ce que le mets soit cuit à point et ait pris une couleur jaune doré.

Chou blanc au lard et au hachis
Les pommes de terre faisant partie de ce mets peuvent être préparées séparément au four. Dans ce cas, coupez les pommes de terre, précuites pendant 10 minutes, en rondelles saupoudrées de sel et nappées de saindoux ou de beurre fondu. Mettez-les au four avec le chou blanc, mais dans un plat à gratin séparé ou une poêle sans couvercle.

Fèves des marais à la sauce au citron

Préparation: 25 à 35 minutes

Ingrédients pour 4 personnes:
3 kg de fèves des marais
sel
1 ½ dl de lait
30 g de beurre
25 g de farine
1 œuf
3 ou 4 cuillerées à soupe de jus de citron
½ cuillerée à soupe de sarriette fraîche
1 cuillerée à soupe de persil finement haché

Principaux ustensiles de cuisine:
tamis ou passoire, fouet

Préparation:
Ecossez et lavez les fèves. Mettez-les ensuite dans une casserole avec ½ cuillerée à soupe de sel, le lait et, éventuellement, de l'eau bouillante. Laissez-les cuire à point.
Posez la passoire sur une terrine, égouttez les fèves et recueillez le jus de cuisson.
Faites chauffer le beurre et ajoutez-y la farine.
Battez l'œuf en le mélangeant au jus de cuisson des fèves et incorporez celui-ci, petit à petit et tout en remuant, au beurre mélangé avec la farine.
Portez cette sauce quelques instants à ébullition, ajoutez-y la moitié du jus de citron, la sarriette et le persil, et mélangez-y les fèves en remuant. Laissez-les chauffer brièvement dans la sauce et assaisonnez de poivre, de sel et de jus de citron.

Fèves des marais au lard fumé
Ce mets s'accompagne de préférence de pommes de terre nature.

Fèves des marais au lard fumé

Préparation: 25 à 35 minutes

Ingrédients pour 4 personnes:
3 kg de fèves des marais
50 g de saindoux ou de beurre
1 gros oignon émincé
100 g de lard gras fumé coupé en bâtonnets
une pincée de thym
poivre du moulin
sel
sucre

Principal ustensile de cuisine:
passoire

Préparation:
Ecossez et lavez les fèves, et égouttez-les dans la passoire.
Faites chauffer le saindoux et faites-y revenir l'oignon sans lui faire prendre couleur. Coupez les bâtonnets de lard en petits morceaux de 1 à 2 cm de longueur et laissez fondre le lard lentement à feu doux. Saupoudrez de thym.
Mettez les fèves égouttées dans la casserole avec l'oignon et le lard, et versez-y un fond d'eau. Couvrez la casserole et laissez mitonner 15 à 25 minutes, selon la qualité des fèves. Contrôlez si les fèves sont cuites à point et ajoutez-y éventuellement du poivre, du sel et un peu de sucre, si vous le désirez.

Haricots verts aux poires et au lard

Préparation: 25 à 35 minutes

Ingrédients pour 4 personnes:
750 g de haricots verts
50 g de saindoux ou de beurre
2 oignons moyens très finement émincés
500 g de poires à couteau
125 g de petit lard fumé émincé
4 cuillerées à soupe de persil
sel

Préparation:
Lavez les haricots. Cassez-les en deux parties à peu près égales. Chauffez la moitié du saindoux et faites-y revenir la moitié des oignons très finement émincés sans leur faire prendre couleur. Lavez les haricots une seconde fois et mettez-les avec 1 cuillerée à café de sel sur le lit d'oignons émincés. Portez les haricots lentement à ébullition; de cette façon, vous éviterez de devoir y ajouter encore de l'eau. Coupez les poires en quatre dans le sens de la longueur, épluchez-les, débarrassez-les du cœur et de la queue, et coupez chaque quartier en deux.
Ajoutez les poires aux haricots quand ceux-ci ont cuit pendant 15 à 20 minutes.
Chauffez entre-temps l'autre moitié du saindoux, faites-y revenir le second oignon et laissez fondre le lard à feu très doux.
Contrôlez si les haricots sont cuits à point, jetez le jus de cuisson. Mélangez en remuant les haricots, les lardons, l'oignon et le persil.

Haricots verts aux poires et au lard
Voici une savoureuse combinaison de légumes et de fruits, que vous rendrez plus savoureuse encore en l'accompagnant de pommes de terre rissolées.

Oignons farcis
Servez de préférence du riz à la créole avec ce mets d'oignons farcis au hachis.

Oignons farcis

Préparation: 20 à 25 minutes
Cuisson au four: 25 à 35 minutes

Ingrédients pour 4 personnes:
*8 beaux oignons de taille moyenne
sel
125 g de hachis de porc
50 g de jambon coupé en petits dés
8 cuillerées à soupe de riz cuit
1 jaune d'œuf
poivre du moulin
noix de muscade râpée ou en poudre
une pincée de clous de girofle en poudre
2 à 4 cuillerées à soupe de chapelure
1 cube de bouillon*

Principaux ustensiles de cuisine:
écumoire, plat à gratin, ciseaux de cuisine, four
(220 °C)

Préparation:
Pelez les oignons. Enlevez la partie bombée au bas de chaque oignon de façon à pouvoir les

dresser sur une face plane. Portez ¾ de litre d'eau avec 1 cuillerée à soupe de sel à ébullition, mettez-y les oignons et maintenez l'ébullition de l'eau 8 à 10 minutes à feu modéré. Retirez les oignons de l'eau à l'aide de l'écumoire.

Entre-temps, mélangez le hachis avec le jambon, le riz, le jaune d'œuf et assaisonnez à l'aide de poivre, de noix de muscade, de clous de girofle et de sel. Avec des ciseaux de cuisine ou un couteau bien aiguisé, coupez la partie supérieure, le chapeau, des oignons et enlevez précautionneusement la partie centrale. Emincez toutes les parties enlevées et mélangez-les avec le hachis. Farcissez les oignons de ce mélange.

Enfournez la grille à mi-hauteur et préchauffez le four. Disposez les oignons côte à côte dans le plat à gratin. Parsemez la farce des oignons d'une partie de la chapelure et jetez le reste de la chapelure en pluie dans le plat à gratin.

Diluez le cube de bouillon dans 2 ½ dl d'eau et versez le bouillon dans le plat.

Enfournez le plat à gratin et laissez-le au four jusqu'à ce que les oignons soient cuits à point et présentent une belle couleur dorée.

Hochepot au plat de côtes

Préparation: 2 heures

Ingrédients pour 4 personnes:
600 g de plat de côtes maigre
ou 700 g de plat de côtes gras sans os
1 feuille de laurier
1 ½ kg de carottes, 400 g d'oignons
1 ½ kg de pommes de terre épluchées
40 g de saindoux ou de beurre
poivre du moulin, sel

Principal ustensile de cuisine:
pilon ou mixeur

Préparation:
Lavez la viande, mettez-la sur le feu avec 7 dl d'eau bouillante, environ 1 cuillerée à soupe de sel et la feuille de laurier. Portez l'eau à ébullition, baissez le feu et laissez mijoter la viande 1 heure à couvert. Retirez ensuite la feuille de laurier. Epluchez les carottes et coupez-les en petits morceaux ou en rondelles. Mettez-les à mijoter 30 minutes avec le plat de côtes. Entre-temps, coupez les pommes de terre en petits dés. Pelez les oignons et émincez-les. Mettez les pommes de terre et les oignons dans la cocotte et laissez cuire le tout 20 à 25 minutes.

Quand la viande, les carottes et les pommes de terre sont à point, versez le jus de cuisson dans un bol et retirez la viande de la cocotte. Broyez ou écrasez le contenu de la cocotte, mais veillez à laisser des petits morceaux de carotte et de pomme de terre entiers. Incorporez autant de jus de cuisson au hochepot qu'il est nécessaire pour qu'il devienne bien lié et crémeux. Ajoutez-y éventuellement du saindoux ou du beurre et assaisonnez à votre goût. Découpez la viande en tranches de la grosseur d'un doigt et disposez-les, juste avant de servir, sur le hochepot ou présentez-les dans un plat de service préchauffé.

Hochepot au plat de côtes
C'est le 3 octobre 1574, date de la levée du siège de Leyde, qu'un jeune habitant de la ville de Leyde trouva dans les tranchées désertées par les troupes espagnoles une casserole remplie de hochepot au plat de côtes. Les habitants de Leyde ont coutume de commémorer l'anniversaire de cette levée de siège en préparant un hochepot au plat de côtes.

103

Pommes au lard

Préparation: 35 à 40 minutes

Ingrédients pour 4 personnes:
400 g de petit lard frais
1 ½ kg de pommes de terre épluchées
½ kg de pommes douces
½ kg de pommes sûres
poivre du moulin, sel
2 ou 3 cuillerées à soupe de mélasse

Préparation:
Lavez le lard. Versez un grand fond d'eau dans une casserole, portez l'eau à ébullition, mettez le lard dans la casserole et laissez-le cuire 20 à 25 minutes à feu doux. Entre-temps, coupez les pommes de terre en morceaux. Lavez et éplu-chez les pommes douces. Enlevez-en le cœur et les pépins, et coupez-les en quartiers. Retirez le lard de la casserole. Mettez-y les morceaux de pomme de terre et les quartiers de pomme, saupoudrez-les de sel et mettez le lard à nouveau dans la casserole. Lavez et épluchez les pommes sûres. Enlevez-en le cœur et les pépins, coupez-les en morceaux et mettez-les dans la casserole. Contrôlez au bout de 10 à 12 minutes si les pommes de terre et les pommes sont cuites à point. Retirez le lard de la casserole et coupez-le en bâtonnets de l'épaisseur d'un doigt. Broyez le contenu de la casserole au pilon ou passez-le au mixeur. Assaisonnez le mets à votre goût à l'aide de poivre, de sel et, éventuellement, de mélasse. Disposez les pommes et les pommes de terre sur un plat de service, et décorez-le des bâtonnets de lard.

Pommes au lard
Quelques phases de la préparation: Coupez le lard en bâtonnets de l'épais-seur d'un doigt. Disposez les pommes douces sur les pommes de terre dans la casserole.

Hochepot aux poires

Préparation: 30 à 40 minutes

Ingrédients pour 4 personnes:
1 ½ kg de poires à cuire
1 bâton de cannelle de 3 à 4 cm
400 g de petit lard fumé
1 ½ kg de pommes de terre
sel
300 g de saucisson cru ou de saucisses
poivre du moulin
40 g de beurre ou de saindoux
éventuellement 2 ou 3 cuillerées à soupe de mélasse

Principaux ustensiles de cuisine:
écumoire, pilon ou mixeur

Préparation:
Lavez et séchez les poires. Epluchez-les et débarrassez-les des nombrils et des queues. Met-tez-les dans une casserole avec la cannelle et recouvrez-les d'eau froide.
Portez l'eau à ébullition et faites bien cuire les poires après avoir baissé le feu.
Entre-temps, coupez le lard à l'aide d'un cou-teau bien tranchant en bâtonnets de 1 ½ cm d'épaisseur. Mettez les bâtonnets de lard dans la casserole, avec les poires.
Epluchez les pommes de terre, lavez-les et cou-pez-les en morceaux de grandeur à peu près égale. Retirez le lard de la casserole à l'aide de l'écumoire.
Mettez ensuite les pommes de terre avec du sel dans la même casserole, portez à ébullition et baissez de nouveau le feu.
Lavez le saucisson ou les saucisses à l'eau chau-de. Disposez-les sur les pommes de terre lorsque celles-ci ont cuit environ 10 minutes.
Coupez le lard en petits dés. Contrôlez, après que les saucisses ou le saucisson ont cuit 8 à 10 minutes avec les autres ingrédients, si les poires et les pommes de terre sont à point.
Retirez alors les saucisses ou le saucisson de la casserole. Versez le jus de cuisson dans un bol ou une poêle et concassez les poires et les pommes de terre.
Ajoutez-y en remuant autant de jus de cuisson qu'il faut pour obtenir un tout bien lié et cré-meux. Incorporez-y les dés de lard et rectifiez éventuellement l'assaisonnement.
Parsemez le hochepot de quelques petites noix de beurre. Faites chauffer le tout, y compris les saucisses ou le saucisson, juste avant de servir.
Servez ce plat aussi chaud que possible.

Petits pois et carottes

On accompagne le plus souvent ces légumes de pommes de terre natures ou en purée et d'un bon bifteck.

Petits pois et carottes

Préparation: 25 à 35 minutes

Ingrédients pour 4 personnes:

1 à 2 kg de carottes
½ cuillerée à café de sucre
sel
1 kg de petits pois non écossés
30 g de beurre
3 cuillerées à soupe de persil finement haché

Préparation:

Lavez soigneusement les carottes et grattez-les. Enlevez les parties verdâtres et les tiges, et coupez les grosses carottes longitudinalement et transversalement en morceaux.

Laissez cuire les carottes 10 à 15 minutes avec le sucre et une pincée de sel en les secouant et en remuant de temps en temps.

Entre-temps, écossez les petits pois, lavez-les et ajoutez-les aux carottes dans la casserole. Ajoutez également le beurre et laissez mijoter le tout à feu modéré jusqu'à ce que les légumes soient tout à fait à point.

Si vous utilisez des petits pois en conserve, jetez le jus de cuisson contenu dans la boîte et n'ajoutez les pois aux carottes que lorsque celles-ci sont à peu près tendres.

Réservez le jus de cuisson que vous pourrez utiliser, par exemple dans un potage ou une sauce. Parsemez les légumes du persil haché. Goûtez les pois et les carottes, et rectifiez éventuellement l'assaisonnement.

Potée aux haricots

Préparation:
1 heure à 1 heure 20
Trempage: 12 heures

Ingrédients pour 4 personnes:
500 g de haricots blancs secs
sel
1 kg de haricots verts frais
1 cuillerée à café de sucre
250 g de saucisse fumée
60 g de saindoux ou de beurre
1 cuillerée à soupe de jus de citron

Principal ustensile de cuisine:
moulin à légumes

Préparation:
Lavez les haricots blancs, d'abord à l'eau tiède, ensuite à l'eau froide.
Portez 2 litres d'eau à ébullition, mettez-y les haricots blancs et faites reprendre l'ébullition. Brassez les haricots vivement, couvrez la casserole et retirez-la du feu.
Laissez tremper les haricots blancs environ 12 heures.
Portez-les de nouveau à ébullition en les laissant

dans leur eau de trempage et ajoutez au bout de 10 minutes 1 cuillerée à soupe de sel.
Lavez entre-temps les haricots verts, supprimez les fils tout au long des haricots et séchez-les à l'aide d'un linge propre. Passez les haricots verts au moulin à légumes. Contrôlez si les haricots blancs sont presque cuits à point. Disposez les haricots verts sur les haricots blancs et saupoudrez-les d'une cuillerée à café de sucre et d'une pincée de sel. Lavez la saucisse à l'eau chaude et mettez-la dans la casserole.
Laissez mijoter le tout 18 à 20 minutes. Jetez l'eau de cuisson en excès.
Retirez la saucisse de la casserole et mélangez les haricots blancs avec les haricots verts en y ajoutant le saindoux. Rectifiez éventuellement l'assaisonnement à l'aide d'un peu de sucre ou de sel et de quelques gouttes de jus de citron.
Si vous ne disposez pas de haricots verts frais, utilisez des haricots verts salés en sachet. Dans ce cas, laissez-les cuire à point dans une grande quantité d'eau; jetez cette eau et remplacez-la par de l'eau chaude autant de fois qu'il le faut pour supprimer l'excès de sel; il va de soi qu'il est inutile d'ajouter du sel à ce mets. Servez la saucisse séparément.

Potée aux haricots
Ce mets constitue un repas complet.

107

Pois chiches

Préparation:
1 heure 30 à 2 heures
Trempage: 12 heures

Ingrédients pour 4 personnes:
500 g de pois chiches secs
sel, 120 g de beurre
250 g de bacon coupé en tranches très minces
120 g de beurre
2 gros oignons coupés en rondelles très fines
2 pommes sûres coupées en fines tranches
500 g de pommes de terre épluchées
300 g de jambon maigre en tranches minces
8 petits cornichons
6 cuillerées à soupe de petits oignons blancs
1 citron coupé en rondelles fines
moutarde, piccalilli
sauce tomate piquante

Préparation:
Lavez soigneusement les pois chiches, d'abord à l'eau tiède, ensuite à l'eau froide. Portez 2 l d'eau à ébullition, mettez les pois chiches dans la casserole et faites reprendre l'ébullition. Remuez légèrement, couvrez la casserole, retirez-la du feu et laissez tremper les pois chiches environ 12 h.

Portez-les ensuite à ébullition dans leur eau de trempage. Au bout de 10 minutes de cuisson, ajoutez une cuillerée à soupe de sel et laissez cuire à point. Le temps de cuisson varie de 1 heure à 1 ½ heure, selon la qualité des pois.
Une demi-heure avant la fin de cuisson des pois chiches, faites fondre le bacon à feu doux dans 30 g de beurre. Ensuite, faites chauffer 50 g de beurre et faites-y dorer les rondelles d'oignon. Gardez-les au chaud et rissolez les tranches de pomme des deux côtés, après avoir baissé le feu, jusqu'à ce qu'elles prennent une belle couleur dorée. Coupez les pommes de terre en tranches de la grosseur d'un doigt environ et mettez-les à cuire dans très peu d'eau et une pincée de sel. Confectionnez des rouleaux avec les tranches de jambon et disposez-les, avec les cornichons, les petits oignons et les rondelles de citron, sur un grand plat ou sur plusieurs plats plus petits. Décorez les plats de piccalilli, de moutarde et de sauce tomate. Contrôlez si les pois et les pommes de terre sont cuits à point.
Jetez l'eau de cuisson des pois et des pommes de terre, et servez-les avec le bacon croustillant, l'oignon, les tranches de pomme, le jambon, les cornichons, les petits oignons et le citron.

Pois chiches
Un mets appétissant, autrefois fortement apprécié par les soldats et par les marins.

Hochepot aux haricots rouges

Préparation: 25 à 30 minutes

Ingrédients pour 4 personnes:
500 g de morceaux de poulet ou de veau
farine
40 g de beurre, 4 cuillerées à soupe d'huile
3 gros oignons émincés
500 g de tomates pelées
2 boîtes de haricots rouges (2 x 850 g)
1 cuillerée à soupe de cumin
1 dl de vin rouge
2 cubes de bouillon
1 cuillerée à soupe de paprika en poudre
2 cuillerées à soupe de fécule de maïs
poivre du moulin, sel

Principal ustensile de cuisine:
grand tamis ou passoire

Préparation:
Saupoudrez les morceaux de viande de sel et roulez-les dans la farine. Faites chauffer l'huile

et rissolez la viande en la retournant continuellement, jusqu'à coloration. Ajoutez-y la moitié du beurre et faites revenir les oignons jusqu'à ce qu'ils soient bien dorés.
Coupez les tomates en tranches, épépinez-les et mettez-les dans la casserole avec la viande. Baissez le feu aussitôt le point d'ébullition atteint, couvrez la casserole et laissez mitonner la viande avec les oignons et les tomates jusqu'à ce qu'ils soient cuits à point.
Laissez égoutter les haricots rouges dans un tamis ou une passoire. Ajoutez le cumin, le vin et les cubes de bouillon à la viande et aux tomates. Versez le coulis des haricots rouges dans une poêle. Préparez une liaison en mélangeant le paprika en poudre avec la fécule de maïs et ½ dl d'eau. Ajoutez ce mélange au jus des haricots recueilli dans la poêle et remuez afin de bien lier tous les ingrédients. Mettez les haricots dans la casserole contenant la viande, les oignons et les tomates. Faites chauffer les haricots et incorporez-y ensuite la sauce en mélangeant bien. Goûtez et rectifiez éventuellement l'assaisonnement.

Chou rouge à la flamande

Préparation: 25 à 35 minutes

Ingrédients pour 4 personnes:

1 kg de chou rouge
3 ou 4 pommes reinettes
1 gros oignon finement émincé
2 clous de girofle, 1 feuille de laurier
une pincée de thym
2 cuillerées à soupe de cassonade
2 à 4 cuillerées à soupe de vinaigre
poivre du moulin, sel
2 ou 3 cuillerées à soupe de gruau d'avoine
ou 1 tranche de pain rassis
40 g de beurre

Préparation:

Nettoyez, lavez et émincez le chou rouge. Versez un grand fond d'eau avec une cuillerée à café de sel dans une casserole et mettez-y le chou rouge émincé. Portez à ébullition, puis baissez le feu et laissez mitonner le chou 10 à 15 minutes environ. Lavez et épluchez les pommes. Enlevez-en le cœur et les pépins, coupez-les en dés et mettez-les dans la casserole avec l'oignon. Piquez les clous de girofle dans la feuille de laurier et mettez celle-ci, avec une pincée de thym, dans la casserole avec le chou rouge. Contrôlez au bout de 10 à 15 minutes la cuisson du chou; ne le laissez surtout pas mitonner trop longtemps, sinon il deviendrait trop tendre.

Retirez la feuille de laurier avec les clous de girofle de la casserole. Ajoutez la cassonade, le vinaigre et le poivre selon votre goût. Liez la cuisson avec un peu de gruau d'avoine ou des miettes de pain et ajoutez ce liant au chou rouge en remuant bien. Mettez le beurre dans la casserole, rectifiez l'assaisonnement et servez le chou rouge le plus chaud possible.

Chou rouge à la flamande
Pour accompagner ce légume, on sert généralement des pommes de terre en purée avec du boudin ou du pis de vache grillé. On peut également incorporer à cette recette une demi-bouteille de vin rouge.

Haricots rouges au riz

Préparation: 2 heures
Trempage: 12 heures

Ingrédients pour 4 personnes:
300 g de haricots rouges secs
80 g de beurre, de graisse ou d'huile
500 g de tournedos coupé en petits morceaux
1 gros oignon émincé
2 gousses d'ail
2 tomates pelées et épépinées
ou 2 cuillerées à soupe de purée de tomates
1 feuille de laurier
poivre du moulin, sel
2 cubes de bouillon
200 g de riz

Préparation:
Lavez les haricots rouges et laissez-les tremper comme indiqué pour les haricots blancs (voir p. 106). Portez les haricots rouges à ébullition dans leur eau de trempage, remuez soigneusement dès que l'eau bout et laissez cuire 15 minutes à feu doux à la limite de l'ébullition. Ajoutez alors 2 cuillerées à café de sel et laissez cuire à point. Si vous utilisez des haricots rouges en boîte, laissez-les égoutter dans un tamis ou une passoi-

re. Faites chauffer le beurre et rissolez-y la viande jusqu'à ce qu'elle soit colorée de toutes parts. Faites revenir en dernière minute l'oignon et l'ail sans leur faire prendre couleur. Mettez les tomates ou la purée de tomates dans la casserole, avec la feuille de laurier, le poivre et les cubes de bouillon. Versez 4 dl d'eau bouillante sur la viande, couvrez la casserole, baissez le feu et laissez cuire à point (1 à 1 ½ heure).

Quand la viande a mijoté un peu plus d'une heure, lavez le riz, d'abord à l'eau froide, de préférence sous le robinet, ensuite à l'eau chaude. Portez 4 dl d'eau avec une petite cuillerée à café de sel à ébullition, jetez le riz en pluie dans la casserole et remuez jusqu'à la reprise de l'ébullition. Couvrez la casserole et baissez le feu. Laissez cuire le riz à point (18 à 22 minutes), sans remuer. Vérifiez si les haricots et la viande sont cuits à point. Enlevez le couvercle et laissez s'évaporer une partie du bouillon lorsque la viande est encore relativement saturée de jus. Retirez la feuille de laurier. Ajoutez les haricots dès que le mets est devenu assez ferme.

Goûtez les haricots et la viande, rectifiez l'assaisonnement. Disposez le riz au centre d'un plat de service rond ou ovale et mettez les haricots et la viande en couronne autour du riz.

Haricots rouges au riz
Cette recette, originaire du Surinam, constitue un repas complet et substantiel.

Choux de Bruxelles aux oignons

Préparation: 20 à 25 minutes

Ingrédients pour 4 personnes:
1 kg de choux de Bruxelles
sel, un morceau de macis
40 g de beurre, 3 oignons moyens émincés
5 cuillerées à soupe de vinaigre
5 cuillerées à soupe de lait
noix de muscade râpée ou en poudre

Préparation:
Coupez le trognon près de la naissance des feuilles et retirez les feuilles extérieures et les feuilles jaunies. Lavez les choux de Bruxelles soigneusement à l'eau tiède avec un peu de vinaigre. Mettez-les sur le feu dans un bon fond d'eau froide légèrement salée et à laquelle vous aurez ajouté le petit morceau de macis. Portez les choux à ébullition et baissez le feu. Faites chauffer le beurre, faites-y revenir l'oignon en remuant sans cesse jusqu'à ce qu'il soit doré.
Retirez le morceau de macis de la casserole et égouttez les choux de Bruxelles. Ajoutez l'oignon ainsi que le lait aux choux de Bruxelles, mélangez bien et laissez mijoter le tout encore 8 à 10 minutes, de telle manière que le temps de cuisson total ne dépasse pas 15 à 20 minutes.
A la dernière minute, saupoudrez d'une pincée de noix de muscade, remuez et servez le mets le plus chaud possible.

Choux de Bruxelles aux oignons
Une recette du bon vieux temps.

Potée quatre-quarts

Préparation: 35 à 40 minutes

Potée quatre-quarts

Ce mets doit son appellation aux quatre ingrédients - carottes, oignons, haricots rouges et pommes - qui y sont incorporés en quantités égales.

Ingrédients pour 4 personnes:

250 g de lard maigre fumé coupé en fines tranches
250 g de carottes coupées en rondelles minces
250 g d'oignons coupés en rondelles
250 g de haricots rouges cuits (voir p. 107)
250 g de saucisse fumée
600 g de pommes de terre épluchées coupées en petits dés
sel
250 g de pommes sûres
poivre
50 g de saindoux ou de beurre

Principaux ustensiles de cuisine:
grand tamis ou passoire, vide-pomme

Préparation:
Lavez le lard à l'eau chaude et coupez-le, à l'aide d'un couteau bien aiguisé, en bâtonnets de l'épaisseur d'un doigt.

Mettez-les sur le feu avec 3 dl d'eau bouillante et ajoutez-y les carottes et les oignons coupés en rondelles.

Laissez égoutter les haricots. Mettez la saucisse dans la casserole quand le lard a cuit pendant 15 minutes.

Ajoutez-y les haricots et les pommes de terre. Salez et ajoutez éventuellement un peu de jus de cuisson.

Baissez le feu dès que le point d'ébullition est atteint.

Laissez cuire les pommes de terre, qui devraient être à point en 15 à 18 minutes.

Entre-temps, lavez et épluchez les pommes. Enlevez-en le cœur et les pépins, et coupez-les en tranches pas trop minces dans le sens de la longueur.

Retirez la saucisse de la casserole. Arrosez-la tout de suite d'un grand jet d'eau froide et débarrassez-la de sa peau. Coupez-la en diagonale, en tranches allongées. Incorporez les pommes et la saucisse au contenu de la casserole et mélangez bien.

Goûtez le mets et rectifiez éventuellement l'assaisonnement. Mettez des petites noix de saindoux ou de beurre dans la casserole et faites chauffer le mets pendant quelques instants avant de servir.

Potée aux pommes de terre

Préparation:
1 heure à 1 heure 10

Ingrédients pour 4 personnes:
200 g de lard de poitrine de porc maigre
100 g de lard maigre fumé
sel
60 g de saindoux ou de beurre
1 gros oignon émincé
150 g de carottes
2 cubes de bouillon
750 g de pommes de terre épluchées
coupées en quatre
500 g de chou blanc émincé
les feuilles d'un céleri
2 petites saucisses
poivre du moulin
fécule de pomme de terre

Préparation:
Lavez le lard de poitrine de porc et le lard fumé.
Portez 4 dl d'eau légèrement salée à ébullition et
laissez-y cuire la viande ½ heure à feu modéré.
Entre-temps, faites chauffer le saindoux dans
une poêle, baissez le feu et rissolez l'oignon, en
remuant sans cesse, jusqu'à ce qu'il soit bien
doré. Lavez et grattez les carottes, coupez-les en
rondelles ou en fins bâtonnets selon leur taille et
faites-les revenir quelques instants dans la poêle
avec les oignons. Après ½ heure de cuisson,
retirez le lard de poitrine de porc et le lard fumé
de la casserole, et mettez-y l'oignon avec les
carottes et les cubes de bouillon.
Coupez le lard de poitrine de porc et le lard fumé
en morceaux assez grands, et mettez-les dans la
casserole avec les pommes de terre. Laissez cuire
le tout cinq minutes et ajoutez-y alors le chou
blanc émincé.
Lavez les feuilles du céleri, essorez-les et hachez
ou coupez-les menu. Mettez le céleri et les
petites saucisses dans la casserole. Contrôlez si la
viande, les carottes et les pommes de terre sont
cuites à point. Ajoutez sel et poivre selon le
goût.
Versez l'excès éventuel de jus dans une poêle et
laissez étuver le hochepot jusqu'à ce qu'il soit
suffisamment sec. Préparez un liant en mélangeant la fécule de pomme de terre avec de l'eau
froide et liez le jus de cuisson jusqu'à obtention
d'une sauce onctueuse. Servez cette sauce séparément dans une saucière préchauffée.
Présentez la potée dans la casserole ayant servi à
la préparation.

Potée aux pommes de terre
*Parmi les ingrédients entrant dans la
préparation de ce mets, citons le lard
de poitrine de porc, le lard maigre
fumé, des oignons, des carottes, du
chou blanc, des feuilles de céleri et des
saucisses.*

Hochepot au macaroni

Préparation: 25 à 30 minutes

Ingrédients pour 4 personnes:
1 petit céleri-rave
50 g de beurre
2 gros oignons coupés en rondelles épaisses
250 à 300 g de saucisson
2 poireaux moyens
300 g de macaroni coudés
2 cubes de bouillon
1 petit céleri à côtes coupé en julienne
poivre du moulin, sel
gruyère râpé

Préparation:
Débarrassez le céleri-rave de la tête et de sa
partie inférieure; coupez-le transversalement en
tranches de la grosseur d'un doigt. Pelez ces
tranches en supprimant les parties striées ou
piquées. Lavez les tranches de céleri et mettez-
les, couvertes d'eau, dans une terrine.
Faites chauffer le beurre et laissez dorer les
rondelles d'oignon en les retournant de temps à
autre. Entre-temps, coupez le saucisson en cubes
ou en tranches très fines. Lavez et nettoyez les
poireaux. Coupez-les en rondelles de ½ cm
d'épaisseur et ajoutez-les aux oignons en même
temps que le saucisson. Versez 5 dl d'eau dans la
casserole contenant les oignons, portez le tout à
ébullition et ajoutez-y l'eau dans laquelle baignent les tranches de céleri-rave.
Coupez ces tranches en bâtonnets ou en cubes.
Mettez le céleri-rave avec le macaroni dans la
casserole dès que l'eau atteint le point d'ébullition et ajoutez-y les cubes de bouillon. Faites
reprendre l'ébullition en remuant, couvrez la
casserole, baissez le feu et laissez cuire tout le
contenu de la casserole à point pendant 10 à 12
minutes. Mélangez-y le céleri à côtes, couvrez la
casserole et goûtez le mets après 2 minutes.
Assaisonnez selon votre goût. Versez l'excès du
jus de cuisson dans une saucière rincée à l'eau
bouillante et saupoudrez le hochepot de gruyère
râpé, juste avant de le servir.

Betteraves rouges au lard

Préparation: 25 minutes
Précuisson: 30 minutes à 2 heures

Ingrédients pour 4 personnes:

1 kg de betteraves crues ou 750 g de betteraves rouges cuites entières ou coupées en tranches
sel
20 g de saindoux ou de beurre
2 oignons moyens émincés
1 pomme sûre coupée en petits morceaux
2 clous de girofle
½ feuille de laurier
poivre du moulin
1 cuillerée à café de sucre
200 g de lard gras coupé en petits cubes
3 cuillerées à soupe de farine
le jus de 1 citron
ou 3 cuillerées à soupe de vinaigre

Préparation:

Si vous utilisez des betteraves crues, lavez-les et frottez-les soigneusement, en évitant toutefois d'endommager la pelure ou la petite queue. Laissez-les cuire à point dans une grande quantité d'eau, à laquelle vous aurez ajouté ½ cuillerée à soupe de sel par litre d'eau.
En piquant une fourchette dans une des plus grosses betteraves, voyez si elles sont à point. Dans ce cas, versez-les dans la passoire et arrosez-les abondamment d'eau froide. Pour enlever la pelure, passez des gants de cuisine et frottez précautionneusement les betteraves entre vos deux mains, ou utilisez un couteau bien aiguisé et pelez-les délicatement. Lavez les betteraves et coupez-les ensuite en tranches très fines. Faites revenir la moitié des oignons dans le saindoux chauffé, mais sans leur faire prendre couleur. Ajoutez-y les betteraves avec les morceaux de pomme et 1 ½ dl d'eau bouillante.
Piquez les clous de girofle dans la feuille de laurier et mettez-la dans la casserole avec du poivre et du sucre. Couvrez la casserole, baissez le feu dès que le contenu bout. Laissez mijoter le tout 8 à 10 minutes.
Entre-temps, faites fondre le lard dans une poêle et faites-y rissoler le reste des oignons émincés jusqu'à ce qu'ils soient bien dorés.
Baissez le feu et ajoutez la farine en remuant continuellement. En continuant de tourner, versez ½ dl d'eau chaude sur la farine, brassez et remuez sans cesse jusqu'à obtention d'une sauce onctueuse et épaisse. Laissez mitonner la farine à feu très doux. Retirez la feuille de laurier avec les clous de girofle de la casserole, contrôlez si les betteraves sont à point et ajoutez alors la moitié du jus de citron.
Incorporez la sauce du lard aux betteraves, mélangez tous les ingrédients et rectifiez éventuellement l'assaisonnement.
Assaisonnez sauce et légumes à votre goût et servez-les séparément.

Betteraves rouges au lard
Autrefois, les betteraves potagères ou les betteraves rouges figuraient plus souvent que maintenant sur les menus. Cette recette ancienne est pourtant extrêmement savoureuse, surtout lorsque les journées deviennent plus froides.

Betteraves rouges au boudin

Préparation: 35 à 40 minutes

Ingrédients pour 4 personnes:

1 kg de pommes de terre épluchées
400 g de betteraves rouges cuites, râpées
ou taillées en fines tranches
250 g de pommes sûres coupées en petits
morceaux
1 petit oignon émincé
150 g de lard gras coupé en petits dés
4 tranches de boudin de 1 cm d'épaisseur
4 cuillerées à soupe de farine
1 grosse pomme à couteau
4 ou 5 cuillerées à soupe de vinaigre
aromatisé
sucre
poivre du moulin, sel

Préparation:

Coupez les pommes de terre en morceaux, mettez-les sur le feu dans une grande quantité d'eau légèrement salée et laissez-les cuire pen- dant 15 à 18 minutes. Ajoutez-y alors les bette- raves rouges, les morceaux de pomme et l'oi- gnon. Surveillez la quantité d'eau pendant la cuisson pour éviter que les ingrédients n'atta- chent et laissez-les cuire tout à fait à point. Entre-temps, faites fondre les dés de lard dans une poêle. Retirez-les dès qu'ils sont bien fon- dus.

Débarrassez les tranches de boudin de leur peau, passez-les dans la farine et faites-les frire sur les deux côtés. Lavez et épluchez la pomme. Enle- vez-en le cœur et les pépins, et coupez-la en quatre tranches. Retirez le boudin de la poêle et faites-y rissoler les tranches de pomme de part et d'autre. Baissez le feu. Mettez les tranches de boudin à nouveau dans la poêle. Disposez une tranche de pomme sur chaque tranche de bou- din. Versez la moitié du vinaigre sur les bettera- ves, broyez le tout à l'aide du pilon ou du mixeur et ajoutez-y la graisse de cuisson du boudin. Mélangez soigneusement tous les ingrédients, ajoutez-y éventuellement un peu d'eau bouillan- te et, selon le goût, du vinaigre ou du sucre, du poivre ou du sel. Servez le boudin séparément.

Betteraves rouges au boudin
Cette préparation est encore un de ces mets du temps jadis que l'on peut, à juste titre, appeler un plat de résistan- ce.

Terrine printanière

Ce plat délicieux sera encore plus savoureux et plus aromatisé si vous utilisez du raifort pour sa préparation.

Terrine printanière

Préparation: 30 à 35 minutes

Ingrédients pour 4 personnes:
2 blancs de poulet de 150 à 200 g pièce
un petit morceau de macis
1 petit oignon finement émincé
1 cube de bouillon
250 g de haricots verts prêts à cuire
3 ou 4 carottes moyennes
600 à 750 g de pommes de terre épluchées et coupées en petits morceaux
sel
200 g de petits pois frais écossés
1 raifort pelé et coupé en fines tranches
quelques petits bouquets de chou-fleur
3 cuillerées à soupe de persil finement haché
40 g de beurre
poivre du moulin
fécule de pomme de terre

Préparation:
Lavez les blancs de poulet à l'eau chaude et mettez-les sur le feu avec 3 dl d'eau bouillante, le morceau de macis, l'oignon et le cube de bouillon. Faites cuire le tout pendant 5 minutes.
Lavez les haricots verts, cassez-les en petits morceaux et joignez-les au poulet dans la casserole. Grattez les carottes, coupez-les menu et mettez-les également dans la casserole, de même que les pommes de terre et une pincée de sel.
Laissez mijoter les blancs de poulet avec les haricots, les carottes et les pommes de terre pendant 10 minutes encore. Ajoutez-y ensuite les petits pois frais, le raifort et les bouquets de chou-fleur. Si vous utilisez des petits pois en conserve, ne les ajoutez qu'au dernier moment. Après 10 à 12 minutes de cuisson à feu très doux, contrôlez si tous les ingrédients sont cuits à point.
Retirez le poulet de la casserole, récupérez le petit morceau de macis et mélangez les pommes de terre et les légumes précautionneusement en y incorporant le persil et le beurre.
Goûtez le mets. Si vous le désirez, versez le jus de cuisson dans une poêle et liez-le en mélangeant de la fécule de pomme de terre avec de l'eau, de façon à obtenir une sauce épaisse.
Assaisonnez selon votre goût et servez le jus de cuisson ou la sauce préparée à partir du jus de cuisson dans une saucière préchauffée.
Disposez les blancs de poulet sur le plat de légumes ou servez le poulet séparément.
Si vous ne trouvez pas de raifort, remplacez-le par quelques radis soigneusement lavés.

Chou frisé avec saucisse

Préparation: 35 à 40 minutes

Ingrédients pour 4 personnes:
chou frisé de 1 kg, 150 g de lard fumé
450 g de chou frisé surgelé
6 cuillerées à soupe de gruau ou de riz brisé
1 kg de pommes de terre épluchées
250 à 300 g de saucisse fumée
poivre du moulin, sel
3 cuillerées à soupe de lait
ou de crème fraîche

Préparation:
Lavez le lard à l'eau chaude, plongez-le dans 3 ½ dl d'eau bouillante et mettez le tout sur le feu. Epluchez le chou frisé à la main, en détachant les feuilles des grosses côtes. Lavez soigneusement le chou frisé, d'abord à l'eau tiède puis à l'eau bouillante. Quant au chou surgelé, laissez-le dégeler partiellement en sortant le paquet d'avance du surgélateur et en le laissant au réfrigérateur jusqu'au moment de l'utilisa-tion. Emincez quelque peu le chou frisé et mettez-le dans la casserole avec le lard.

Au bout de 10 minutes de cuisson, retirez le lard de la casserole. Rincez le gruau ou le riz à l'eau froide et versez-le dans la casserole. Emincez le lard et mettez-le à nouveau dans la casserole. Coupez les pommes de terre en morceaux et mettez-les également dans la casserole, avec une pincée de sel. Lavez la saucisse fumée, disposez-la sur les pommes de terre et faites cuire le tout environ 20 minutes. Lorsque tout est cuit, retirez la saucisse de la casserole, arrosez-la éventuelle-ment d'eau froide et débarrassez-la de sa peau. Gardez-la au chaud. Contrôlez la quantité de jus de cuisson qui s'est formée. Versez-en éventuel-lement une partie dans un bol. Broyez ou écra-sez le contenu de la casserole à l'aide d'un pilon ou du mixeur, incorporez-y le jus de cuisson recueilli précédemment ou une partie de ce jus et remuez bien afin d'obtenir une masse homo-gène et crémeuse.

Assaisonnez selon le goût de poivre ou de sel et ajoutez éventuellement le lait. Servez le chou frisé avec la saucisse aussi chaud que possible.

Chou frisé avec saucisse
Un plat très connu et fort apprécié au nord de l'Europe, où on le sert de préférence en hiver.

119

Pot-au-feu

Préparation: 45 à 50 minutes

Préparation:

Faites fondre le lard dans le saindoux ou le beurre à feu très doux. Roulez les morceaux de veau et de porc dans la farine, et rissolez la viande un instant dans la graisse du lard. Mettez ensuite les morceaux de carotte, de pomme de terre, d'oignon et de poireau par couches successives dans la casserole. Saupoudrez le tout de poivre et d'une pincée de feuilles de marjolaine séchées et versez le bouillon, qui sera de préférence chaud ou bouillant, dans la casserole. Couvrez celle-ci dès l'ébullition. Baissez le feu et laissez mijoter la viande, les pommes de terre et les légumes pendant 35 à 40 minutes en laissant la casserole hermétiquement fermée. Eparpillez le persil haché sur le contenu de la casserole et mélangez précautionneusement tous les ingrédients dès qu'ils sont cuits. Ne tournez pas dans la casserole, sinon vous risqueriez de réduire en compote le contenu de la casserole.

Ingrédients pour 4 personnes:

100 g de lard maigre fumé coupé en petits dés
40 g de saindoux ou de beurre
200 g de morceaux de veau
200 g de morceaux de porc
3 cuillerées à soupe de farine
200 g de carottes grattées ou épluchées et coupées en dés
750 g de pommes de terre épluchées en dés
300 g d'oignons pelés et coupés en dés
1 ou 2 poireaux pas trop gros coupés en fines lanières
une bonne pincée de feuilles de marjolaine séchées
poivre du moulin, 4 dl de bouillon
4 à 6 cuillerées à soupe de persil haché

Pot-au-feu
Vous pouvez aussi préparer ce repas au four (200°C) en 50 à 60 minutes.

Gratin au lard

Préparation: 45 à 55 minutes

Ingrédients pour 4 personnes:
700 g de pommes de terre épluchées
sel
250 g de lard fumé coupé en fines tranches
40 g de saindoux ou de beurre
2 dl de lait bouillant
noix de muscade
poivre du moulin

Principal ustensile de cuisine:
pilon ou mixeur

Préparation:
Lavez les pommes de terre, coupez-les en petits morceaux et faites-les cuire dans un peu d'eau salée. Entre-temps, coupez les tranches de lard en petits dés. Faites chauffer le saindoux ou le beurre dans une poêle et laissez fondre les dés de lard à feu très doux.

Egouttez les pommes de terre une fois cuites à point, écrasez-les au pilon ou passez-les dans le mixeur et, en ajoutant le lait et de l'eau bouillante en quantité suffisante, travaillez-les jusqu'à obtention d'une purée très ferme.

Salez et poivrez selon le goût.

Faites chauffer une petite quantité de la graisse du lard dans la poêle, mettez-y une couche ronde et aplatie de la purée de pommes de terre et piquez celle-ci de quelques lardons.

Faites rissoler ces croûtes de purée des deux côtés jusqu'à ce qu'elles soient bien dorées et servez-les avec une salade fraîche.

Gratin au lard
En le servant avec une salade à laquelle vous mélangerez par exemple des petits cubes de jambon, vous pouvez transformer ce mets en un repas complet constitué essentiellement de restes de pommes de terre et de lard.

Gâteau Parmentier

Préparation: 40 à 45 minutes

Ingrédients pour 4 personnes:

750 g de pommes de terre nouvelles
100 g de lard fumé coupé en lanières
très fines
50 g de saindoux ou de beurre
150 g de fromage mi-vieux râpé
poivre du moulin
sel

Principal ustensile de cuisine:
râpe à pommes de terre ou mixeur

Préparation:

Nettoyez soigneusement les pommes de terre non épluchées et faites-les cuire dans une quantité d'eau suffisant à les recouvrir presque entièrement.

Entre-temps, coupez le lard en petits dés et faites-les fondre à feu doux dans une poêle où vous aurez fait chauffer le beurre. Jetez l'eau de cuisson des pommes de terre quand elles sont presque cuites à point et arrosez-les abondamment d'eau froide. Pelez les pommes de terre et râpez-les grossièrement ou passez-les au mixeur, sans toutefois les réduire en purée. Retirez les lardons de la poêle et ajoutez-les, ainsi que le fromage râpé, aux pommes de terre. Goûtez ce mélange et relevez-le en l'assaisonnant de poivre et de sel.

Incorporez quelques cuillerées à soupe de la graisse de lard à ce mélange et faites chauffer le reste de la graisse dans une grande poêle. Mettez la préparation dans la poêle en veillant à ce qu'elle épouse la forme de la poêle et laissez colorer à feu modéré. Badigeonnez un couvercle plat, légèrement plus grand que la poêle, d'une mince couche de graisse de lard, posez le couvercle sur la poêle et retournez vivement poêle et couvercle. Faites glisser le gâteau de pommes de terre du couvercle dans la poêle et laissez cuire l'autre côté du gâteau à feu très doux jusqu'à ce qu'il ait pris une belle couleur dorée.

Gâteau Parmentier

La présentation d'un plat contribue à sa dégustation. Servez ce gâteau Parmentier sur des assiettes en faïence. Vous pouvez également le parsemer de persil haché et le garnir de quelques bouquets de persil.

Les desserts

Reine des neiges
Turquoise
Couronne de gruau aux fruits secs
Compote de rhubarbe
Crème à la bière
Babeurre égoutté
Bouillie de semoule
Bouillie fromentée
Fantaisie en neige
Gruau aux fruits
Gruau perlé aux raisins
Dessert aux prunes
Dessert chaud aux pommes
Plat aux cerises
Echaudé
Galettes Parmentier aux pommes
Crêpes au lard
Pain perdu

Reine des neiges
Pour la réalisation de ce pudding, on utilisait autrefois du lait caillé ou tourné à l'aigre, qu'on remplace actuellement le plus souvent par du yaourt.

Reine des neiges

Préparation: 35 à 45 minutes
Réfrigération: 2 à 4 heures

Principaux ustensiles de cuisine:
tamis, pinceau à huile, moule de 1 litre, fouet

Îngrédients pour 4 à 6 personnes:
100 g de riz
sel
le zeste mince de 1 citron
huile pour le moule
300 g de yaourt, 100 à 150 g de sucre
2 sachets de sucre vanillé
8 feuilles de gélatine blanche
3 ½ dl de lait, 2 œufs
420 g de mûres ou de cerises dénoyautées au sirop
2 ou 3 cuillerées à soupe de jus de citron
3 ou 4 cuillerées à soupe de fécule de pomme de terre
2 ou 3 cuillerées à soupe de liqueur de cassis ou de cerises

Préparation:
Lavez le riz dans le tamis; portez à ébullition 3 dl d'eau avec du sel et le zeste du citron, et ajoutez-y le riz. Tournez jusqu'à la reprise de l'ébullition, couvrez la casserole et laissez cuire à feu doux. Huilez soigneusement le moule au pinceau, renversez-le sur une assiette et placez-le au réfrigérateur. Cassez les œufs et séparez les blancs des jaunes. Incorporez aux jaunes le yaourt, 75 g de beurre et le sucre vanillé, et battez-les jusqu'à obtention d'une masse mousseuse et de couleur plus claire.

Mettez la gélatine à tremper dans une grande quantité d'eau. Faites chauffer 2 ½ dl de lait. Quand le riz est cuit à point, versez-le dans le tamis et retirez-en le zeste de citron. Pressez bien la gélatine et plongez-la dans le lait chaud

pour la diluer complètement. Mélangez le riz ainsi que les jaunes d'œufs avec le yaourt, le sucre et le sucre vanillé.

Retirez la casserole du feu, versez-y le reste du lait froid et mélangez le tout.

Montez les blancs d'œufs en neige très ferme. Incorporez une bonne cuillerée de blanc d'œuf en neige au mélange riz-jaunes d'œufs et introduisez ce mélange dans le blanc d'œuf battu en neige, à l'aide d'une spatule de bois, jusqu'à obtention d'une masse légère et bien aérée.

Tournez de temps en temps dans la casserole et emplissez le moule dès que le mélange présente un aspect gélatineux. Mettez le moule au réfrigérateur. Versez les fruits dans le tamis et égouttez-les. Délayez le sirop avec le jus de citron et de l'eau jusqu'à ce que vous obteniez 3 ½ dl de liquide. Portez celui-ci à ébullition.

Préparez un liant en mélangeant 4 cuillerées d'eau à la fécule de pomme de terre et liez le jus des fruits avec ce mélange, de manière à obtenir une sauce lisse.

Ajoutez-y éventuellement le reste du sucre.

Versez les fruits dans la sauce et laissez refroidir celle-ci en remuant de temps à autre. Humectez le plat à pudding avec un peu d'eau froide. En vous servant du manche d'une cuillère ou d'une fourchette, décollez le pudding de la paroi du moule. Couvrez le moule d'une assiette renversée et retournez moule et assiette en même temps. Enlevez précautionneusement le moule et décorez le pudding de la sauce aux fruits ou servez celle-ci séparément.

> **Les puddings et leurs sauces**
> Un pudding sans sauce est comme un navire sans pavillon - c'est du moins ce que l'on prétend généralement. Toutefois, quand il s'agit de puddings légers, la sauce peut très bien être remplacée par des biscuits doux ou minces que l'on peut se procurer chez tout pâtissier, par exemple des madeleines ou des langues-de-chat. Prévoyez par personne 2 à 2 ½ dl de pudding et 1 dl de sauce ou de compote. Quand le pudding est servi chaud, accompagnez-le d'une sauce chaude; la sauce sera froide pour un pudding servi froid. Veillez à ce que le pudding et la sauce forment un ensemble homogène.

Turquoise

Préparation: 30 à 35 minutes
Réfrigération: 2 à 4 heures

Ingrédients pour 4 personnes:
huile pour le moule
2 ½ dl de lait, ¼ l de crème fouettée
40 g de sucre, 1 sachet de sucre vanillé
5 feuilles de gélatine, 1 rouge et 4 blanches
50 g de petites meringues roses sans amandes
10 cuillerées à soupe de marasquin
sel
40 g de gaufrettes à la vanille

Préparation:
Huilez le moule (8 dl à 1 l) à pudding, renversez-le sur une assiette et mettez-le au réfrigérateur. Faites chauffer le lait et la crème à feu doux. Incorporez-y le sucre et le sucre vanillé. Mettez à tremper la gélatine dans une grande quantité d'eau froide. Coupez les meringues en deux ou trois morceaux à l'aide d'un couteau bien aiguisé, que vous plongez un instant dans de l'eau froide. Pressez soigneusement la gélatine. Diluez-la entièrement dans le mélange lait-crème. Transvasez le lait dans une terrine ou un grand bol que vous mettrez dans un petit bassin rempli d'eau froide. Tournez de temps en temps dans le mélange. En effet, c'est sur la paroi du bol ou de la terrine que le mélange refroidit le plus et qu'il devient rapidement gélatineux; il faut donc incorporer cette partie de la préparation au pudding encore liquide se trouvant au centre du bol. Dès que le processus de gélatinisation s'amorce, incorporez les meringues et le marasquin avec quelques grains de sel au pudding. Goûtez-le, ajoutez-y du sucre ou du marasquin selon le goût et emplissez le moule. Mettez le moule au réfrigérateur. Renversez le pudding et décorez-le de petits biscuits fins.

Couronne de gruau aux fruits secs

Préparation: 35 à 40 minutes
Trempage: 8 à 12 heures
Réfrigération: 2 à 3 heures

Principaux ustensiles de cuisine:
tamis, pinceau à beurre, moule de 1 à 1 ½ l

Préparation:
Lavez soigneusement les abricots, d'abord à l'eau tiède, ensuite à l'eau froide. Mettez-les dans une casserole avec la moitié du zeste de citron. Recouvrez-les d'eau chaude. Portez le tout à ébullition à feu vif, couvrez la casserole et retirez-la du feu. Laissez tremper les abricots pendant 8 à 12 heures.

Portez alors 1 litre d'eau légèrement salée à ébullition, avec le reste du zeste de citron. Dès l'ébullition, versez-y le gruau et laissez cuire 15 minutes à feu doux. Entre-temps, frottez les raisins fermement contre les mailles du tamis, pour les débarrasser de leurs petites queues. Lavez-les ensuite, d'abord à l'eau tiède, puis à l'eau froide. Mettez-les dans la casserole avec les abricots. Beurrez ou huilez le moule à pudding. Pendant ce temps, le gruau sera cuit à point. Egouttez-le et remettez-le dans la casserole. Ajoutez le zeste du citron aux abricots et aux raisins secs. Incorporez 50 à 60 g de sucre et une petite pincée de cannelle au gruau.

Remplissez le moule à pudding du gruau, en le tassant bien à l'aide de la face bombée d'une cuillère. Laissez refroidir le pudding.

Laissez cuire les abricots et les raisins dans l'eau de trempage jusqu'à ce qu'ils soient tendres. Retirez-en le zeste de citron et versez le contenu de la casserole dans le tamis. Faites reprendre l'ébullition de l'eau de trempage. Mélangez la fécule de pomme de terre avec un peu d'eau, remuez bien et liez l'eau de trempage avec ce liant. Remettez les fruits dans l'eau de trempage liée en ajoutant, selon le goût, le reste du sucre et du jus de citron. Laissez refroidir les fruits ou servez-les bien chauds avec le gruau. Renversez le moule à pudding sur une grande assiette ou un plat légèrement mouillé et démoulez-le.

Couronne de gruau aux fruits secs
Un dessert du bon vieux temps à base de gruau et de fruits. Actuellement, on le prépare en un minimum de temps grâce au gruau à cuisson rapide qu'on trouve partout dans le commerce.

Ingrédients pour 4 à 6 personnes:
125 g d'abricots secs
le zeste mince de 1 citron
150 g de gruau d'orge ou d'avoine
sel, 100 à 130 g de sucre
75 g de raisins secs
beurre ou huile pour le moule
une pincée de cannelle en poudre
3 cuillerées à soupe de fécule de pomme de terre
2 ou 3 cuillerées à soupe de jus de citron

Compote de rhubarbe

Préparation: 25 à 30 minutes
Réfrigération: 1 à 2 heures

6 cuillerées à soupe de jus de raisin
ou de groseille
1 cuillerée à soupe de rhum
le zeste mince de 1 citron

Ingrédients pour 4 personnes:
600 g de rhubarbe
100 à 120 g de sucre
3 cuillerées à soupe de fécule de pomme de terre

Préparation:
Coupez la feuille et la partie inférieure des tiges de la rhubarbe. Lavez la rhubarbe soigneusement, d'abord à l'eau tiède, ensuite à l'eau

froide. Coupez les tiges en morceaux de 3 à 4 cm. N'épluchez pas la rhubarbe.

Mettez les morceaux de rhubarbe avec 100 grammes de sucre et le zeste du citron dans une casserole contenant 3 dl d'eau bouillante. Couvrez la casserole. Faites cuire à feu très doux. L'eau ne doit pas bouillir. Vous pouvez éventuellement préparer la rhubarbe au bain-marie. Contrôlez au bout de 4 à 10 minutes si la rhubarbe est cuite à point. Retirez le zeste du citron de la casserole. Enlevez les morceaux de rhubarbe de la casserole à l'aide de l'écumoire pour les mettre dans le compotier. Préparez un liant en mélangeant la fécule de pomme de terre au jus de raisin ou de groseille. Liez le jus de cuisson de la rhubarbe avec ce mélange en remuant bien jusqu'à obtention d'une sauce bien lisse.

Ajoutez-y, selon le goût, le reste du sucre ainsi que le rhum et versez cette sauce sur les morceaux de rhubarbe. Laissez bien refroidir la compote avant de la servir. Accompagnez éventuellement la compote de crème fraîche fouettée légèrement sucrée ou de crème à la vanille.

Compote de rhubarbe

Quelques phases de la préparation: De gauche à droite: Coupez les tiges de rhubarbe en morceaux de grandeur égale. Ajoutez-y du sucre et très peu d'eau, et faites cuire de telle manière que les morceaux soient cuits mais restent entiers.

Crème à la bière

Préparation: 30 à 40 minutes
Réfrigération: 1 à 2 heures

Crème à la bière
Pour ce dessert, peu connu mais vraiment délicieux, on se sert de bière brune douce; l'alcool qu'elle renferme s'évapore pendant la préparation.

Ingrédients pour 4 personnes
4 œufs, 2 ½ dl de bière brune
1 ½ cuillerée à soupe de gélatine en poudre
ou 3 feuilles de gélatine
2 cuillerées à soupe de jus de citron

4 meringues ou quelques biscuits
100 à 125 g de sucre

Préparation:
Cassez les œufs et séparez les blancs des jaunes. A l'aide du fouet, battez les jaunes en y incorporant 100 g de sucre pour les rendre plus clairs et plus mousseux. Mettez le bol dans une casserole remplie d'eau jusqu'à mi-hauteur que vous ferez frémir. Ajoutez-y la bière par toutes petites quantités à la fois, et en remuant sans cesse.
Laissez tremper la gélatine en poudre dans 7 cuillerées à soupe d'eau tiède. Trempez la gélatine en feuilles dans une grande quantité d'eau. Continuez de brasser le mélange jaunes d'œufs-bière et versez-y goutte à goutte 8 cuillerées à soupe d'eau chaude et la moitié du jus de citron. Diluez la gélatine en poudre trempée ou les feuilles de gélatine soigneusement pressées dans la mousse composée par les jaunes d'œufs et la bière, dès que cette mousse est bien chaude et légèrement liée.
Assurez-vous que la gélatine est bien dissoute et laissez refroidir la mousse, en y tournant de temps en temps avec précaution.
Montez les blancs d'œufs, avec quelques grains de sel, en neige très ferme. Incorporez une bonne cuillerée de blanc d'œuf à la mousse composée de jaunes d'œufs et de bière. En vous servant d'une spatule en bois, mélangez cette mousse aux blancs d'œufs battus en neige jusqu'à obtention d'une masse légère et bien aérée.
Répartissez la crème dans 4 coupes ou raviers en verre et décorez-les à l'aide de meringues ou de biscuits tendres.

Babeurre égoutté

Préparation: 20 à 25 minutes
Temps de repos: 2 heures ou davantage

Ingrédients pour 4 personnes:
3 l de babeurre, 4 biscottes
cassonade brune
cannelle en poudre

Préparation:
Posez la passoire sur une grande terrine ou suspendez-la par les poignées dans une casserole de grandes dimensions. Rincez l'étamine à l'eau tiède et essorez-la soigneusement. Etalez le linge dans la passoire, de manière à en recouvrir le fond, et versez-y le babeurre. Au fur et à mesure que la partie aqueuse du babeurre s'écoule à travers le linge, vous prélèverez, à l'aide d'une grande cuillère métallique, la composante épaisse du babeurre, et vous la mettrez dans un petit bol ou un plat creux. Quand tout le liquide s'est égoutté à travers la passoire, enlevez en raclant légèrement le reste du babeurre du linge. Servez les biscottes, la cassonade et la cannelle à part avec le babeurre.
Si vous le préférez, vous pouvez également battre le babeurre jusqu'à obtention d'une masse lisse et verser celle-ci sur les biscottes disposées dans le plat creux en saupoudrant le tout de cassonade et de cannelle.

Bouillie de semoule

Préparation: 10 à 15 minutes

Ingrédients pour 4 personnes:
1 l de lait, 60 g de semoule de riz
60 g de sucre, sel, 1 œuf
une pincée de noix de muscade râpée

Préparation:
Portez le lait à ébullition. Mélangez la semoule, le sucre et quelques grains de sel dans une petite terrine. Eparpillez ce mélange dans le lait, tout en remuant, quand le lait est frémissant. Portez le lait à ébullition, laissez-le cuire quelques instants en remuant sans cesse jusqu'à ce que la semoule soit bien cuite. Battez l'œuf en y ajoutant 3 cuillerées à soupe d'eau et une pincée de noix de muscade, et ajoutez-y quelques cuillerées de la bouillie chaude. Incorporez l'œuf battu à la bouillie de semoule et servez celle-ci tout de suite ou après l'avoir laissé refroidir.

Bouillie fromentée

Préparation: 10 à 15 minutes

Ingrédients pour 4 personnes:
1 l de lait, le zeste mince de ½ citron
sel, 60 g de farine, 30 g de beurre crème
sucre cristallisé ou cassonade

Préparation:
Portez lentement à ébullition ¾ de litre de lait avec le zeste du citron et une petite pincée de sel. Mélangez la farine et le reste du lait, et remuez bien jusqu'à obtention d'une bouillie lisse. Retirez le zeste du citron du lait frémissant et ajoutez-y, en remuant sans cesse, la bouillie que vous venez de préparer. Portez le lait à ébullition, toujours en remuant, et laissez-le cuire 2 à 4 minutes jusqu'à ce que la farine soit bien cuite. Retirez la casserole du feu, incorporez le beurre à la bouillie, mélangez soigneusement et servez avec du sucre cristallisé ou de la cassonade.

Bouillie fromentée
Un dessert très léger et facile à digérer.

Fantaisie en neige

Préparation: 10 à 15 minutes

Ingrédients pour 4 personnes:
200 g de sucre cristallisé
2 dl de jus de groseille
2 blancs d'œufs
biscuits longs

Préparation:
Versez le sucre, le jus de groseille et les blancs d'œufs ensemble dans une grande terrine ou un grand bol et battez tous les ingrédients à l'aide d'un fouet jusqu'à ce que tout le sucre soit dissout et que le blanc d'œuf ait atteint un degré de fermeté tel que vous pouvez vous hasarder à renverser brièvement le bol sans que la mousse s'en échappe. Répartissez cette préparation dans 4 raviers en verre et servez-la avec les biscuits.

Fantaisie en neige
Un entremets sucré exquis, mais assez consistant.

Gruau aux fruits

Préparation: 50 à 60 minutes

Ingrédients pour 4 personnes:
100 g d'abricots secs
50 g de raisins de Corinthe et de Smyrne
70 g de gruau d'orge ou d'avoine
le zeste mince de 1 citron, le jus de 2 citrons
3 cuillerées à soupe de fécule de pomme de terre
70 à 90 g de sucre
2 pommes épluchées coupées en petits cubes

Préparation:
Lavez soigneusement les abricots, ainsi que les

raisins de Corinthe et de Smyrne, d'abord à l'eau chaude, ensuite à l'eau froide. Emincez les abricots au couteau ou aux ciseaux de cuisine et mettez-les à cuire à feu doux avec les raisins secs dans 1 l d'eau chaude. Laissez cuire doucement pendant 30 minutes. Ajoutez alors le gruau et le zeste du citron. Retirez du feu lorsque le gruau et les abricots sont cuits. Mélangez 2 ½ dl d'eau, le jus de citron et la fécule de pomme de terre, et versez ce liant dans la casserole en tournant continuellement. Ajoutez 70 g de sucre ainsi que les pommes coupées en cubes. Goûtez cette préparation, ajoutez-y du sucre selon le goût et un peu de vin blanc ou de jus de citron. Si vous le préférez, vous pouvez remplacer les abricots secs par des fruits frais.

Gruau perlé aux raisins

Préparation: 35 à 45 minutes

Ingrédients pour 4 personnes:
75 g de gruau perlé, un petit bâton de cannelle le zeste mince de 1 citron
60 g de raisins de Corinthe, 75 g de raisins de Smyrne (secs)
2 dl de jus de groseille, 80 à 100 g de sucre
2 cuillerées à soupe de fécule de pomme de terre, 4 à 6 cuillerées à soupe de vin rouge ou de porto

Préparation:
Portez lentement à ébullition 1 ½ l d'eau dans laquelle vous aurez mis le gruau perlé avec la cannelle et le zeste du citron. Baissez ensuite le feu et laissez cuire. Frottez les raisins secs d'une main ferme contre les mailles du tamis afin d'éliminer les petites queues. Lavez les raisins avec le plus grand soin, d'abord à l'eau tiède, ensuite à l'eau froide. Versez l'ensemble des raisins dans la casserole contenant le gruau perlé et laissez mijoter encore 10 minutes. Contrôlez si le gruau est cuit. En mélangeant le jus de groseille et la fécule de pomme de terre, préparez un liant onctueux et versez-le, en remuant sans cesse, dans la casserole. Mélangez bien. Retirez la cannelle et le zeste du citron de la casserole, ajoutez le vin et 80 g de sucre ou davantage, selon le goût.

Gruau perlé aux raisins
Servi froid, ce dessert sera fort apprécié en été. Servi chaud par une journée froide, il constituera un mets fort nourrissant.

131

Dessert aux prunes

Dessert aux prunes

Un dessert idéal. Précédé d'un potage de légumes et avec des boulettes de viande, il constitue un repas complet.

Préparation: 20 à 25 minutes
Cuisson au four: 45 à 55 minutes

Ingrédients pour 4 à 6 personnes:

500 g de prunes mûres
140 g de sucre
100 g de beurre
150 g de chapelure
2 ou 3 œufs
100 g d'amandes effilées
ou grossièrement moulues
le zeste râpé de 1 citron
50 g de farine, 2 à 2 ½ dl de lait
sel
3 cuillerées à soupe de rhum

Principaux ustensiles de cuisine:
pinceau à beurre, plat à gratin, dénoyauteur pour prunes, fouet, four (180°C)

Préparation:

Lavez les prunes, d'abord à l'eau tiède, ensuite à l'eau froide. Dénoyautez-les et mettez les fruits, coupés en quatre, dans un grand bol ou une terrine en y ajoutant 40 g de sucre. Beurrez le plat à gratin et saupoudrez-le d'une partie de la chapelure. Réservez 2 cuillerées à soupe de beurre. Mettez le reste du beurre dans un bol et travaillez-le pour obtenir un mélange léger. Cassez les œufs et séparez les blancs des jaunes. Ajoutez les jaunes au beurre, avec 80 g de sucre, et fouettez le tout jusqu'à obtention d'un mélange mousseux et jusqu'à ce que le sucre ne crisse plus. Mettez les amandes et le zeste du citron dans le bol, ajoutez-y la farine, mélangez ces ingrédients et versez du lait froid de façon à obtenir une préparation assez épaisse, mais toujours liquide.

Glissez la grille dans le four à mi-hauteur et préchauffez le four. Mélangez 4 cuillerées à soupe de chapelure et le reste du sucre. Mettez les prunes et le reste de la chapelure en couches successives dans le plat à gratin. Montez le blanc des œufs en neige ferme en n'oubliant pas d'y incorporer quelques grains de sel. Ajoutez une bonne cuillerée de ce blanc battu en neige au mélange composé de beurre, de jaunes d'œufs, de sucre, d'amandes et du zeste de citron, et, à l'aide d'une spatule en bois, incorporez ce mélange aux blancs d'œufs, de façon à obtenir une pâte légère et bien aérée. Mettez cette pâte dans le plat à gratin, saupoudrez-la du mélange de chapelure et de sucre, et posez çà et là quelques noisettes de beurre sur la pâte. Enfournez le plat à gratin et laissez-le au four jusqu'à ce que le dessert soit bien chaud et d'une belle couleur dorée. Servez-le au sortir du four.

Dessert chaud aux pommes

Préparation: 20 minutes
Cuisson au four: 25 à 30 minutes

Ingrédients pour 4 personnes:
10 tranches de pain bis
3 dl de jus de pomme
1 cuillerée à café de cannelle en poudre
75 g de raisins secs
2 cuillerées à soupe de jus de citron
50 g de beurre, 175 g de sucre
400 à 500 g de pommes aigres-douces

Principaux ustensiles de cuisine:
vide-pomme, pinceau à beurre, plat à gratin,
four (200°C)

Préparation:
Après avoir coupé la croûte supérieure des
tranches de pain, coupez ces tranches en dés de
grandeur égale. Arrosez-les du jus de pomme.
Mélangez le sucre et la cannelle, et réservez 5
cuillerées à soupe de ce mélange. Lavez très
soigneusement les raisins secs et arrosez-les
ensuite du jus de citron. Beurrez le plat à gratin
avec une partie du beurre. Glissez la grille au
milieu du four et préchauffez le four. Lavez,
séchez et épluchez les pommes. Enlevez-en le
cœur et les pépins, et coupez-les en tranches
minces. Disposez ensuite une couche de pain,
une de pommes, une de sucre et de cannelle, une
de raisins secs et ainsi de suite dans le plat à
gratin jusqu'à épuisement des ingrédients. Veillez à ce que la couche supérieure soit constituée
de pain. Saupoudrez cette couche supérieure du
mélange de sucre et de cannelle que vous avez
réservé. Disposez au-dessus le reste du beurre,
partagé en petites noisettes. Mettez le plat dans
le four préchauffé jusqu'à ce que le dessert aux
pommes soit parfaitement chaud et bien doré.

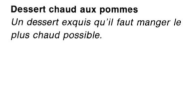

Dessert chaud aux pommes
*Un dessert exquis qu'il faut manger le
plus chaud possible.*

133

Plat aux cerises
Vous pouvez naturellement varier cette recette en remplaçant les cerises par d'autres fruits.

Plat aux cerises

Préparation: 15 à 20 minutes
Cuisson au four: 45 à 55 minutes

Ingrédients pour 4 personnes:
250 g de flocons ou de gruau d'avoine
1 sachet de sucre vanillé, 2 dl de lait
250 g de yaourt maigre, 150 g de sucre
40 g de beurre, 3 œufs
650 à 800 g de cerises dénoyautées
une pincée de sel
3 cuillerées à soupe de rhum
2 cuillerées à soupe de cassonade

Principaux ustensiles de cuisine:
pinceau à beurre, plat à gratin, four (200°C)

Préparation:
Versez les flocons ou le gruau d'avoine dans un bol en y ajoutant le sucre vanillé. Faites chauffer le lait et versez-le sur les flocons d'avoine. Cassez les œufs. Battez vigoureusement les jaunes et le sucre, puis mélangez-y le yaourt. Badigeonnez le plat à gratin en n'utilisant que la moitié du beurre. Glissez la grille à l'intérieur du four, à mi-hauteur, et préchauffez le four. Egouttez les cerises dans la passoire. Battez les blancs d'œufs en neige très ferme après y avoir incorporé quelques grains de sel. Mélangez les cerises, les flocons d'avoine bien trempés et le rhum au mélange de jaunes d'œufs, de sucre et de yaourt. Ajoutez-y, en remuant bien, une cuillerée à soupe du blanc monté en neige. Si ce mélange est assez ferme, ajoutez-y quelques cuillerées du jus des cerises. Incorporez ce mélange d'une main légère aux blancs d'œufs. Versez celui-ci dans le plat à gratin. Saupoudrez de cassonade et disposez le reste du beurre, partagé en petites noisettes, sur le contenu du plat. Glissez le plat au four jusqu'à ce que le dessert soit bien doré. Servez aussi chaud que possible.

Echaudé

Dans certaines régions, ce dessert assez nourrissant était servi le samedi en guise de repas complet.

Echaudé

Préparation: 15 à 20 minutes
Levage: 30 minutes
Cuisson: 1 heure à 1 heure 10

Ingrédients pour 4 personnes:

*250 g de farine, ou 125 g de farine fine
et 125 g de fleur de sarrasin
1 œuf, ¾ de cuillerée à café de sel
10 g de levure, 2 cuillerées à soupe de sucre
2 dl de lait tiède, sirop
4 cuillerées à soupe de saindoux ou d'huile
75 g de petit lard fumé
75 g de raisins de Corinthe
50 g de raisins de Smyrne
35 g d'écorces confites de cédrat émincées
2 pommes aigres-douces épluchées et
coupées en petits dés
une bonne pincée de cannelle en poudre*

Préparation:

Versez la farine dans une terrine. Creusez une cuvette au centre de la farine et mettez-y l'œuf. Saupoudrez de sel la farine qui se trouve le long du bord de la terrine.

Mettez la levure dans un petit bol, mélangez-la avec le sucre en remuant bien jusqu'à ce qu'elle soit devenue liquide, versez-la sur l'œuf au centre de la cuvette. En partant du centre, mélangez l'œuf, la levure liquide et 1 ½ dl de lait.

Ajoutez le reste du lait si la pâte a tendance à devenir trop sèche. Pétrissez jusqu'à ce que la pâte présente des bulles, qu'elle soit molle et se détache facilement des parois de la terrine et des mains. Couvrez la pâte et laissez-la reposer 30 minutes dans un endroit ni trop chaud ni trop frais. Entre-temps, faites chauffer le saindoux. Coupez le lard en petits dés que vous faites fondre à feu doux dans le saindoux. Frottez les raisins secs d'une main ferme contre les mailles d'un tamis pour les débarrasser de leurs petites queues. Lavez-les ensuite très soigneusement, d'abord à l'eau tiède, puis à l'eau froide, et séchez-les en les tapotant doucement avec un linge propre ou du papier absorbant. Ajoutez le cédrat, les pommes et la cannelle aux raisins secs, et mélangez bien tous ces ingrédients.

Quand la pâte est levée, incorporez-y, en pétrissant bien, les ingrédients précités. Mettez la pâte dans une cocotte et couvrez-la. Eteignez le feu. Rallumez-le au bout de 5 minutes et faites cuire la pâte à feu très doux pendant 40 à 45 minutes sur un des côtés, puis retournez la pâte à l'aide du couvercle et laissez dorer et cuire à point l'autre côté. Contrôlez si l'échaudé est cuit à point en le piquant à l'aide d'une baguette en bois ou d'une aiguille à tricoter. Servez-le bien chaud avec du sirop et, éventuellement, du beurre et du lait chaud.

Galettes Parmentier aux pommes
Un dessert savoureux et vite préparé.

Galettes Parmentier aux pommes

Préparation: 20 à 25 minutes

Ingrédients pour 4 personnes:
250 g de pommes sûres
2 cuillerées à soupe de cassonade blanche
1 cuillerée à soupe de jus de citron
½ l de lait
40 g de beurre
150 g de purée de pommes de terre
1 œuf
sel, sucre
6 cuillerées à soupe d'huile
cannelle en poudre

Préparation:

Lavez, séchez et épluchez les pommes. Enlevez-en le cœur et les pépins, coupez-les en tranches assez minces et saupoudrez-les de cassonade. Aspergez-les du jus de citron. Faites chauffer le lait avec le beurre et mélangez-y la purée en poudre quand le lait frémit. Tournez énergiquement. Retirez la casserole du feu.

Cassez l'œuf, séparez le blanc du jaune et battez le jaune avec 3 cuillerées à soupe d'eau et une pincée de sel. Incorporez ensuite ce jaune à la purée, toujours à l'aide du fouet.

Mélangez-y les tranches de pomme.

Montez le blanc d'œuf en neige très ferme et mélangez-y la purée avec les pommes en vous servant d'une spatule en bois. Huilez le fond d'une petite poêle à frire et faites-la chauffer. Mettez un quart de la purée aux pommes dans la poêle, lissez la purée avec le dos mouillé d'une cuillère. Laissez cuire jusqu'à ce que les pommes soient tendres et que la face touchant le fond de la poêle présente une belle teinte dorée. Retournez la galette à l'aide de la spatule et faites dorer l'autre face de la galette. Tenez-la au chaud et préparez les trois autres galettes de la même manière.

Servez les galettes aussi chaudes que possible, saupoudrées de cannelle et de sucre mélangés.

Crêpes au lard

Préparation: 20 à 25 minutes
Levage: 45 minutes

Ingrédients pour 4 personnes:
150 g de lard gras fumé en fines tranches
40 g de beurre ou d'huile
200 g de farine ou 100 g de farine fine
et 100 g de fleur de sarrasin
1 œuf
20 g de levure
4 dl de lait tiède
1 cuillerée à café de sel
8 tranches de bacon
sirop

Principaux ustensiles de cuisine:
fouet, spatule à crêpes

Préparation:
Détachez la couenne du lard et coupez le lard et la couenne en petits dés. Laissez fondre les petits lardons au beurre ou à l'huile dans une petite poêle à frire à feu très doux. Versez la farine dans une terrine ou un grand bol. Creusez une cuvette au centre de la farine et cassez-y l'œuf. Ajoutez quelques cuillerées de lait à la levure et remuez jusqu'à ce qu'elle soit devenue liquide. Versez la levure dans la cuvette. Saupoudrez de sel la farine qui se trouve le long de la paroi du bol ou de la terrine. Mélangez tous les ingrédients en partant du centre de la terrine et en ajoutant le lait petit à petit. Battez le tout jusqu'à obtention d'une pâte lisse, présentant des bulles à la surface. Couvrez la pâte et laissez-la lever 40 à 50 minutes à température modérée. Entre-temps, rissolez les tranches de bacon jusqu'à ce qu'elles soient bien croustillantes et dorées. Couvrez le fond d'une poêle à frire de grandeur moyenne de graisse de lard et faites chauffer la graisse jusqu'à ce qu'elle soit fumante. Versez une petite partie de la pâte dans la poêle en veillant à la répartir uniformément sur le fond et en évitant de faire des crêpes trop épaisses. Disposez quelques lardons sur la crêpe et retournez-la dès que le dessus est sec et que la face inférieure a pris couleur.

Préparez de cette manière 6 à 9 crêpes et servez-les en les accompagnant du bacon frit, de sirop ou de beurre non ramolli coupé en petits morceaux et de cassonade. Vous pouvez remplacer le lard de cette recette par 50 grammes de beurre et faire cuire la pâte avec des pommes coupées en tranches que vous y aurez mélangées.

Crêpes au lard
Des crêpes de pâte levée, fourrées ou non de lard, de pommes ou de raisins secs, constituent un dessert nourrissant et, qui plus est, vraiment délicieux.

Pain perdu

Préparation: 20 à 25 minutes

Ingrédients pour 4 personnes:
6 tranches de pain rassis
12 à 15 cuillerées à soupe de lait et 1 œuf
ou 3 œufs et 5 cuillerées à soupe de lait
40 g de sucre, 1 sachet de sucre vanillé
½ cuillerée à café de cannelle en poudre
40 à 50 g de beurre

Préparation:
A l'aide d'un couteau bien aiguisé, coupez les croûtes des tranches de pain, sans toutefois les enlever jusqu'à la mie, pour éviter que les tartines ne s'émiettent sur les bords. Battez le lait en y incorporant l'œuf, le sucre, le sucre vanillé et la cannelle. Contrôlez si tous les cristaux de sucre sont bien dissouts. Disposez les tranches de pain côte à côte sur un grand plat et versez le liquide sur le pain, de telle manière qu'il en soit entièrement imbibé.

Faites chauffer la moitié du beurre. En vous servant d'une spatule très large, disposez les tranches de pain par paires dans la poêle à frire. Laissez-les cuire jusqu'à ce que la face touchant le fond de la poêle soit plus ou moins durcie et bien dorée. Retournez les tranches de pain et laissez cuire l'autre face de la même manière. Quand toutes les tranches de pain ont été traitées de cette façon, coupez-les en deux et disposez-les sur un grand plat. Servez ce dessert aussi chaud que possible.

Pain perdu
Une solution pratique et agréable pour accommoder des restes de pain rassis.

Les pâtisseries

Tarte aux pruneaux et à l'ananas
Tarte aux fraises et aux framboises
Rectangles aux prunes
Tarte à la limbourgeoise
Gâteau aux fruits secs et aux épices
Gâteau aux biscuits
Tarte Zicca
Pain d'épices maison
Cake aux raisins secs
Gâteau au chocolat
Apfelstrudel
Gâteau aux noisettes
Gâteau marbré
Flan aux lardons cuits
Cake au jambon et au fromage
Tarte aux légumes
Petits quatre-quarts
Gâteaux glacés
Chaussons aux pommes
Chaussons au sirop
Chaussons aux amandes
Biscuits au beurre
Spéculoos
Couques fantaisie
Gâteau au curaçao
Beignets aux pommes
Boules de Berlin
Merveilles
Gaufres à la vanille

Tarte aux pruneaux et à l'ananas

Préparation: 30 à 35 minutes
Cuisson au four: 35 à 40 minutes

Ingrédients:
250 g de farine
1 sachet de sucre vanillé
ou 1 cuillerée à café de zeste de citron râpé
1 cuillerée à café de levure en poudre
une pincée de sel, sucre
125 g de cassonade blonde
150 g de beurre, 1 petit œuf
400 g de pruneaux, 4 tranches d'ananas
1 sachet de gelée pâtissière
2 cuillerées à soupe de rhum
1 ou 2 cuillerées à soupe de jus de citron
300 g de haricots rouges secs

Principaux ustensiles de cuisine:
tamis à farine, pinceau à beurre, papier paraffiné un peu plus grand que le moule, moule à flan d'un diamètre de 24 à 26 cm, tamis à purée, four (210°C)

Préparation:
Passez la farine, le sucre vanillé, la levure en poudre, le sel et la cassonade au tamis posé sur une terrine. Ajoutez-y 135 grammes de beurre et le zeste de citron si vous n'utilisez pas de sucre vanillé. Badigeonnez une face du papier paraffiné et le moule du reste du beurre. Préchauffez le four après y avoir introduit la lèchefrite à mi-hauteur.
En vous servant de deux couteaux, coupez le beurre que vous venez d'ajouter au mélange farine-sucre-levure en petits morceaux, battez l'œuf et incorporez-en la plus grande partie au contenu de la terrine. Pétrissez le mélange jusqu'à obtention d'une pâte bien élastique, en

serrant bien les doigts des deux mains; évitez de travailler la pâte avec des mains trop chaudes. Ne pétrissez pas plus longtemps que nécessaire. Abaissez la boule de pâte, tapissez-en le fond et les parois du moule en pressant légèrement avec le pouce afin de marquer l'angle formé par le fond et les parois. Quand la pâte est étendue en une couche mince, recouvrez-la du papier paraffiné en veillant à ce que la face beurrée du papier soit en contact avec la pâte. Versez les 300 g de haricots rouges secs afin d'empêcher que la pâte gonfle en cours de cuisson.
Enfournez le moule. Placez alors le tamis sur un récipient gradué, laissez bien égoutter les prunes et l'ananas dont vous réserverez le sirop. Au bout de 20 à 25 minutes de cuisson, enlevez le papier paraffiné et les haricots rouges du moule, et laissez la croûte cuire à point et dorer.
Coupez 3 tranches d'ananas en deux et vérifiez que les pruneaux ne contiennent plus de noyau. Retirez le moule du four, mettez une assiette plate ou une planche à viande sur le moule et retournez-les pour démouler.
Mettez ensuite une grille à tarte sur la croûte et retournez simultanément la grille, la croûte et l'assiette ou le plat. Laissez refroidir la pâtisserie, puis disposez les fruits sur le fond de la croûte; placez celle-ci sur un plat.
Mélangez 10 cuillerées à soupe de sirop de fruits à la gelée pâtissière jusqu'à obtention d'une petite sauce légère et ajoutez-y, en remuant, quelques gouttes de rhum et le jus de citron ou un peu de sucre. Versez cette sauce bien chaude sur les fruits disposés dans la croûte.
Servez-vous du dos d'une cuillère légèrement mouillée pour lisser la gelée et laissez refroidir celle-ci avant de découper la tarte.
Décorez éventuellement la tarte de rosettes de crème fraîche fouettée avec un peu de sucre.

Tarte aux pruneaux et à l'ananas
Des fruits frais ou en conserve peuvent garnir cette tarte.

Tarte aux fraises et aux framboises

Préparation: 20 à 25 minutes
Temps de repos: 1 à 2 heures

Ingrédients:
1 croûte de tarte cuite (voir ci-dessus)
500 g de fraises et de framboises au jus
75 g de cassonade blonde
le jus de 1 citron
1 sachet de gelée pâtissière en poudre
2 cuillerées à sucre de liqueur

Préparation:
Mélangez les fruits, le sucre et le jus de citron, et laissez reposer pendant une heure ou davantage. Mettez le tamis sur une terrine et laissez égoutter les fraises et les framboises. Garnissez la croûte de tarte avec les fruits. Ajoutez de l'eau au jus recueilli en égouttant les fruits, jusqu'à obtenir 1 ½ dl de liquide. Incorporez ce liquide à la gelée pâtissière et préparez une sauce. Ajoutez la liqueur à cette sauce et versez celle-ci sur les fruits.

Rectangles aux prunes

Préparation: 25 à 30 minutes
Levage: 1 heure
Cuisson au four: 25 à 30 minutes

60 g de beurre, 2 kg de prunes bleues
une bonne pincée de cannelle en poudre
50 g d'amandes grillées effilées

Rectangles aux prunes
Si vous garnissez ces rectangles de crème fouettée, ils n'en seront que plus alléchants.

Ingrédients:
*375 g de farine fine à température de la pièce
6 g de sel, 50 g de cassonade blonde
1 ½ dl de lait tiède, 15 g de levure
1 œuf, 60 g de cassonade blanche*

Principaux ustensiles de cuisine:
mixeur-pétrisseur, rouleau à pâtisserie, dénoyauteur, pinceau à beurre, four (220°C)

Préparation:
Versez la farine, le sel et le sucre dans une grande terrine. Ajoutez une partie du lait à la levure et remuez jusqu'à ce qu'elle soit fluide. Mettez ensuite la levure avec le reste du lait et l'œuf dans la terrine. Pétrissez jusqu'à ce que la pâte soit molle et élastique, et qu'elle n'adhère plus à la terrine. Couvrez la pâte et laissez-la lever 30 minutes au frais. Beurrez la plaque à pâtisserie et abaissez la pâte en une couche d'épaisseur uniforme. Avec le bout du doigt, pratiquez 30 fossettes dans la pâte (soit 5 rangées de 6 fossettes) et répartissez le reste du beurre, en petits morceaux, dans ces fossettes. Laissez lever la pâte étalée sur la plaque pendant une seconde période de 30 minutes. Entre-temps, lavez et séchez les prunes, dénoyautez-les et mettez les prunes coupées en deux ou en quatre dans les fossettes. Mélangez la cassonade et la cannelle en poudre, saupoudrez les prunes de ce mélange et glissez la plaque au four un peu au-dessus de la mi-hauteur. Contrôlez après 20 à 25 minutes si la pâte et les prunes sont cuites. Parsemez le tout d'amandes et retirez la plaque du four après 5 minutes. Laissez refroidir la pâtisserie et découpez-la en morceaux de 5 cm sur 8 environ.

Tarte à la limbourgeoise

Préparation: 20 à 25 minutes
Levage: 1 heure
Cuisson au four: 30 à 35 minutes

Principaux ustensiles de cuisine:
mixeur-pétrisseur, passoire, pinceau à beurre, rouleau à pâtisserie, moule à tarte d'un diamètre de 24 à 28 cm, four (210°C)

Ingrédients:
*250 g de farine fine chambrée
sel, 50 g de beurre mou
1 sachet de levure séchée
ou 12 g de levure fraîche
6 à 9 cuillerées à soupe de lait tiède
30 g de cassonade blonde, 1 petit œuf
600 g de cerises ou de prunes
30 à 60 g de cassonade blanche
30 g de fécule de pomme de terre
le zeste râpé et le jus de ½ citron*

Préparation:
Mettez la farine avec le sel dans une grande terrine. Incorporez la levure séchée avec 6 cuillerées à soupe de lait, 40 g de beurre mou et la cassonade à la farine. Battez l'œuf en y ajoutant 1 cuillerée à soupe d'eau pour le rendre plus léger et aéré. Mettez-en 3 cuillerées à soupe dans un petit bol que vous réservez. Versez le reste de l'œuf battu dans la terrine, remuez et pétrissez jusqu'à obtention d'une pâte lisse. Si vous utili-

sez de la levure fraîche, délayez-la au lait tiède et ajoutez-la ensuite à la farine. Travaillez la pâte jusqu'à ce qu'elle soit très souple et élastique. Couvrez la pâte à l'aide d'un linge humide et laissez-la lever environ 1 heure de façon que la quantité soit doublée. Entre-temps, badigeonnez le moule avec le reste du beurre.

Lavez les fruits, mettez-les dans la passoire et arrosez-les abondamment, d'abord d'eau bouillante, ensuite d'eau froide. Dénoyautez les fruits et coupez-les en tranches minces ou en petits morceaux. Mélangez la cassonade et la fécule de pomme de terre, incorporez les fruits à ce mélange et ajoutez-y, selon votre goût, le zeste et le jus de citron. Saupoudrez la surface de travail d'une mince couche de farine. Abaissez-y

la pâte de façon à obtenir une couche de ⅓ cm d'épaisseur, dont le diamètre dépasse de 4 à 5 cm celui du moule plus deux fois la hauteur de la paroi du moule. Tapissez le moule de la pâte, pressez-la fermement contre le fond du moule et coupez la partie de pâte qui déborde. Glissez la grille au milieu du four et préchauffez-le. Disposez les fruits sur la pâte et coupez le reste de la pâte en longues lanières étroites. Posez celles-ci sur les fruits, en ayant soin de les croiser. Mouillez les extrémités des lanières avec un peu d'eau pour les faire adhérer aux bords de la croûte. Badigeonnez le bord de la croûte et les bandes croisées de l'œuf battu que vous avez réservé et enfournez le moule. Retirez la tarte du four et démoulez-la sur un plat de service.

Tarte à la limbourgeoise
Ce genre de pâtisserie est assez connu, mais cette recette est ancienne. On peut garnir la pâte avec des fruits frais ou en conserve.

Gâteau aux fruits secs et aux épices
Ce genre de pâtisserie est une spécialité de la ville de Sienne, en Italie.

Gâteau aux fruits secs et aux épices

Préparation: 35 à 40 minutes
Cuisson au four: 30 à 35 minutes

Ingrédients:
200 g d'amandes mondées
10 g de beurre
50 g d'écorce confite de cédrat
150 g de zestes d'orange confits
25 g de zestes de citron confits
100 g de noix écalées
½ cuillerée à café de cannelle en poudre
1 cuillerée à café de coriandre en poudre
une bonne pincée de noix de muscade râpée
une bonne pincée de clous de girofle en poudre
une bonne pincée de poivre du moulin
une pincée d'anis moulu
ou en poudre
sel
150 g de farine
150 g de cassonade blonde
150 g de miel
3 feuilles d'oublie
3 cuillerées à soupe de sucre en poudre
1 sachet de sucre vanillé

Principaux ustensiles de cuisine:
passoire ou tamis, moule à génoise d'un diamètre de 24 à 26 cm, bâtonnets à cocktail, four (150°C)

Préparation:
Lavez et séchez les amandes. Mettez-les sur le feu avec assez d'eau froide pour qu'elles en soient complètement recouvertes. Faites frémir l'eau, mais ne la laissez surtout pas bouillir. Versez le contenu de la casserole dans la passoire et arrosez abondamment d'eau froide.

Débarrassez les amandes de leur petite peau jaune en les frottant légèrement entre le pouce et l'index. Lavez les amandes mondées et séchez-les soigneusement à l'aide d'un linge ou de papier absorbant.

Faites chauffer le beurre dans une grande poêle à frire, versez les amandes dans la poêle et grillez-les en remuant sans cesse jusqu'à ce qu'elles prennent une teinte dorée. Vous pouvez également griller les amandes au four; dans ce cas, chauffez-le à 280°C.

Répandez les amandes sur la plaque à pâtisserie et glissez celle-ci au four, à mi-hauteur. Laissez dorer les amandes en secouant de temps en temps la plaque; évitez toutefois de les rendre trop foncées. Laissez refroidir les amandes. Eteignez le four.

Coupez l'écorce de cédrat en tranches assez minces. Partagez ensuite les tranches en carrés de 1 cm de côté. Coupez les zestes confits d'orange et de citron en morceaux de ½ cm de longueur et hachez les noix et les amandes en grands morceaux.

Mélangez les morceaux de cédrat, de zestes de citron et d'orange, ainsi que les noix et les amandes. Mélangez d'autre part la cannelle, le coriandre, la noix de muscade, les clous de girofle, le poivre et l'anis en y incorporant une bonne pincée de sel.

Incorporez ces épices au mélange de noix, d'amandes, d'écorces de citron, d'orange et de cédrat, et ajoutez finalement la farine à tous ces ingrédients.

Versez la cassonade dans une petite poêle à fond épais, ajoutez 2 cuillerées à soupe d'eau chaude au miel en remuant bien et mélangez le miel et la cassonade.

Remuez légèrement la poêle, de façon que le miel et le sucre en recouvrent entièrement le fond. Faites chauffer le contenu de la poêle à feu très doux et en remuant sans cesse, jusqu'à ce que le sucre soit entièrement dissout et que vous obteniez un sirop plus ou moins épais. Remuez de temps en temps à l'aide d'une cuillère mouillée.

Portez le sirop lentement à ébullition. Trempez un bâtonnet à cocktail dans le sirop dès que celui-ci commence à bouillir. Plongez le bâtonnet enrobé de sirop dans une tasse remplie d'eau froide. Retirez le bâtonnet de l'eau et essayez de former une petite boule avec le sirop.

Retirez ensuite la poêle du feu et incorporez immédiatement le mélange de noix, de zestes et d'écorces, d'épices et de farine au sirop.

Glissez la grille dans le four à mi-hauteur et préchauffez le four.

Coupez les feuilles d'oublie en morceaux et tapissez-en le fond et la paroi du moule.

Mettez la pâte dans le moule et lissez-la à l'aide d'un couteau ou d'une cuillère, que vous aurez soin de mouiller chaque fois à l'eau chaude.

Mélangez le sucre en poudre et le sucre vanillé, et saupoudrez-en la pâte contenue dans le moule. Enfournez celui-ci et laissez cuire la pâte jusqu'à ce qu'elle soit bien à point.

Après 25 à 30 minutes, contrôlez l'état d'avancement de la cuisson à l'aide d'un des bâtonnets à cocktail; si de la pâte adhère encore au bâtonnet lorsque vous le retirez, laissez cuire encore 5 à 10 minutes. Retirez alors le gâteau du four, démoulez-le et laissez-le refroidir complètement avant de le découper.

Enfermé dans une boîte en fer blanc hermétique ou enveloppé de feuilles d'aluminium, ce gâteau peut se conserver pendant plusieurs semaines à température ambiante. Il sera même plus savoureux après avoir reposé quelques jours.

Variante

Pour varier cette recette, vous pouvez remplacer le miel par 125 g de cassonade brune ou blonde et 1 ½ dl d'eau chaude; vous pouvez aussi ajouter 30 g de cacao aux autres épices.

Gâteau aux fruits secs et aux épices
Quelques phases de la préparation: De gauche à droite et de haut en bas: Hachez les amandes et les noix en petits morceaux, et mélangez-les aux épices et à la farine. Incorporez ce mélange au sirop à base de sucre et de miel. Tapissez le moule de feuilles d'oublie, lissez la pâte avec la lame mouillée d'un couteau et saupoudrez de sucre en poudre et de sucre vanillé.

Gâteau aux biscuits

Préparation: 40 minutes
Réfrigération: 4 heures ou davantage

Levure en poudre
50 g de bicarbonate de soude
50 g d'acide tartrique en poudre
50 g de fécule de pomme de terre

Mélangez d'abord les deux premiers ingrédients et incorporez-y la fécule de pomme de terre. Passez le tout au tamis et conservez la levure en poudre dans un bocal en verre fermant hermétiquement.
N'utilisez pas plus de 3 g de levure en poudre pour 100 g de farine. Une trop grande quantité de levure risquerait de donner un goût désagréable au mets.
Dès que la levure en poudre ou la farine fermentante entre en contact avec un liquide, elle devient active. Dès lors, sa conservation dans un endroit et un récipient secs de même qu'un travail rapide de la pâte sont à conseiller et même indispensables.

Ingrédients:
30 g de beurre mou
150 g d'amandes mondées
300 g de biscuits
2 gros œufs
250 g de cassonade blonde
le jus et le zeste râpé de 1 citron
150 g de graisse végétale

Principaux ustensiles de cuisine:
pinceau à beurre, moule à cake d'une contenance de 1 ½ l, papier paraffiné, moulin à amandes

Préparation:
Beurrez le moule. Tapissez-en le fond et les plus grands côtés d'une feuille de papier paraffiné d'une seule pièce et de dimensions correspondant exactement à celles du moule. Beurrez cette feuille de papier.
Lavez et séchez les amandes. Grillez-les très légèrement à feu doux dans une poêle à frire que vous secouerez régulièrement.
Réservez quelques amandes et passez le reste des amandes au moulin. Emiettez les biscuits. Incorporez le sucre aux œufs et fouettez-les jusqu'à ce qu'ils deviennent mousseux et de couleur plus claire. Mettez le bol dans une casserole à moitié remplie d'eau chaude et battez les œufs jusqu'à ce qu'ils soient bien liés. Ajoutez alors le jus et le zeste du citron, et fouettez vigoureusement jusqu'à obtention d'un mélange épais. Faites fondre la graisse, mais évitez de la faire chauffer. Mettez les amandes moulues et les biscuits émiettés sur le mélange d'œufs et de citron; ajoutez-y la graisse. Mélangez le tout en remuant légèrement et mettez cette préparation dans le moule.
Couvrez le moule et mettez-le au réfrigérateur pendant 4 heures au moins. Renversez alors le cake sur un plat, enlevez délicatement la feuille de papier et décorez le cake avec les amandes que vous avez réservées.

Tarte Zicca

Préparation: 20 à 40 minutes
Cuisson au four: 50 à 60 minutes

Ingrédients:
150 g de beurre mou, 150 g de sucre cristallisé
3 œufs, 175 g de farine, sel
1 sachet de sucre vanillé, le jus de 1 citron
½ sachet de levure en poudre
4 pommes à couteau légèrement acides
5 cuillerées à soupe de confiture d'abricots
1 cuillerée à café de cannelle en poudre
1 cuillerée à soupe de sucre en poudre

Préparation:
Badigeonnez un moule à génoise de 24 à 26 cm d'une mince couche de beurre. Travaillez le reste du beurre jusqu'à ce qu'il soit mou et crémeux. Ajoutez-y le sucre et mélangez en remuant jusqu'à obtention d'une masse mousseuse. Incorporez-y 1 œuf. Fouettez jusqu'à obtention d'un mélange homogène et mousseux.

Ajoutez encore 1 œuf et remuez jusqu'à ce qu'il soit complètement incorporé au mélange. Cassez le troisième œuf, séparez le blanc du jaune et ajoutez le jaune au mélange beurre-sucre-œufs, en remuant bien. Posez le tamis sur une terrine et passez la farine avec le sucre vanillé, la levure en poudre et le sel.
Lavez, séchez et épluchez les pommes. Enlevez-en le cœur et les pépins au vide-pomme. Coupez chaque pomme en quatre et, à l'aide d'un petit couteau à lame tranchante, pratiquez dans le côté bombé des quartiers de pomme des entailles profondes, dans le sens de la longueur.
Fouettez le blanc d'œuf avec quelques grains de sel en neige très ferme. Glissez la lèchefrite au four, juste sous la mi-hauteur. Préchauffez le four (190°C). Tout en remuant, incorporez 3 cuillerées à soupe d'eau tiède au mélange beurre-sucre-œufs. Ensuite, en vous servant d'une spatule, incorporez-y la farine mélangée au sucre vanillé, à la levure et au sel.
Incorporez à tous ces ingrédients une bonne

cuillerée à soupe de blanc d'œuf monté en neige et mélangez cette pâte à l'aide d'une spatule au reste du blanc d'œuf en neige. Mélangez la confiture et le jus du citron. Mettez la pâte dans le moule. Badigeonnez-la de confiture et pressez les petits éventails de pomme dans la pâte.

Mélangez la cannelle avec le sucre en poudre et saupoudrez les pommes d'une couche très mince de ce mélange passé au tamis à farine.
Enfournez le moule jusqu'à ce que la pâte soit dorée. Laissez refroidir la tarte pendant 5 minutes environ et démoulez.

Tarte Zicca
Une tarte aux pommes comme on la préparait souvent autrefois.

Pain d'épices maison

Comme son nom l'indique, le pain d'épices est un régal fort aromatique qui se prépare sans beurre et sans œufs, de préférence dans un moule à génoise ou à cake.

Pain d'épices maison

Préparation: 15 à 20 minutes
Cuisson au four:
1 heure à 1 heure 20

Ingrédients:
15 g de beurre
250 g de farine
sel
3 cuillerées à café de levure en poudre
50 g de cassonade brune
1 cuillerée à café de cannelle
½ cuillerée à café d'anis moulu
ou en poudre
ou éventuellement quelques grains
d'anis pilés
une pincée de clous de girofle en poudre
une pincée de noix de muscade râpée
une pincée de poivre du moulin
une pincée de gingembre en poudre
125 g de mélasse
1 ½ à 2 dl de lait ou d'eau
1 cuillerée à soupe de rhum
ou d'essence de rhum à l'eau

Principaux ustensiles de cuisine:
pinceau à beurre, moule à génoise d'un diamètre de 24 à 26 cm, petit tamis à farine, four (150°C)

Préparation:
Beurrez le moule. Glissez la lèchefrite au milieu du four et préchauffez-le.

Posez le tamis à farine sur une terrine et tamisez la farine avec le sel, la levure en poudre, la cassonade, la cannelle, l'anis, les clous de girofle, la noix de muscade, le poivre et le gingembre. Ajoutez-y la mélasse (5 cuillerées à soupe rases; plongez chaque fois la cuillerée dans de l'eau bouillante) avec 1 ½ dl de lait ou d'eau et le rhum.

Mélangez rapidement tous ces ingrédients jusqu'à obtention d'une pâte lisse et plutôt visqueuse. Si la farine absorbe beaucoup de liquide, ajoutez-y encore une ou deux cuillerées à soupe de lait ou d'eau et mettez la pâte dans le moule. Enfournez le moule et laissez cuire la pâte jusqu'à ce qu'elle soit à point.

Contrôlez si la pâte est bien cuite au bout de 55 à 60 minutes. A cet effet, piquez la pâte avec une baguette pointue en bois ou une aiguille à tricoter; si des parcelles de pâte y adhèrent, poursuivez la cuisson pendant quelques minutes encore. Laissez refroidir pendant 5 minutes environ avant de retirer du four. Laissez refroidir le pain d'épices complètement avant de servir.

Vous pouvez servir le pain d'épices avec de la crème fraîche légèrement sucrée et fouettée.

Cake aux raisins secs

Préparation: 20 à 25 minutes
Cuisson au four:
1 heure à 1 heure 20

Ingrédients:
150 g de beurre, 150 g de sucre cristallisé
le zeste râpé de 1 citron
3 œufs à température de la pièce
1 cuillerée à café de levure en poudre
sel, 160 g de farine
75 g de raisins de Smyrne
50 g de raisins de Corinthe
50 g d'amandes effilées
½ cuillerée à café de cannelle en poudre
1 sachet de sucre vanillé
ou 1 flacon d'essence d'amandes

Principaux ustensiles de cuisine:
pinceau à beurre, moule à cake d'une contenance de 1 ½ litre, fouet, tamis à farine, passoire, four (150°C)

Préparation:
Utilisez une partie du beurre pour beurrer le moule. Travaillez le reste du beurre jusqu'à ce qu'il soit crémeux. Tout en remuant, ajoutez-y, cuillerée par cuillerée, le sucre et le zeste du citron. En battant vigoureusement, incorporez les œufs un à un au mélange beurre-sucre. Veillez à ce que le mélange soit léger et bien aéré, et qu'il n'y ait plus de traces visibles de sucre. Glissez la lèchefrite au milieu du four et préchauffez-le. Placez le tamis sur une terrine et tamisez la farine avec la levure en poudre et le sel. Frottez les raisins secs énergiquement contre les mailles d'un tamis pour les débarrasser des petites queues. Ajoutez ensuite les raisins secs et les amandes effilées à la farine. Versez la farine, les raisins de Corinthe et de Smyrne et les amandes sur le mélange aux œufs. En vous servant d'une spatule, mélangez tous les ingrédients de manière à obtenir une pâte légère et aérée. Ajoutez la cannelle ou l'essence d'amandes à la pâte dès que toute la farine y est bien incorporée. Ne remuez pas avant que la cannelle en poudre soit complètement répartie dans la pâte, qui aura alors une couleur foncée. Mettez la pâte dans le moule et laissez cuire à point jusqu'à coloration. Contrôlez après 60 à 65 minutes, à l'aide d'une baguette pointue en bois ou d'une aiguille à tricoter, si la pâte est cuite à point et bien sèche. Laissez refroidir le cake pendant 5 minutes avant de le démouler. Mettez-le ensuite sur une grille à tarte et laissez-le encore refroidir pendant une dizaine de minutes. Posez alors le moule sur le cake pour éviter qu'il sèche.

Gâteau au chocolat
Une délicieuse pâtisserie garnie de crème fouettée.

Gâteau au chocolat

Préparation: 25 à 35 minutes
Cuisson au four:
45 à 50 minutes

1 cuillerée à soupe de cacao
1 sachet de sucre vanillé
5 cuillerées à soupe de rhum, de liqueur
au cacao ou d'essence de rhum à l'eau
100 g de grains de chocolat

Ingrédients:
20 g de beurre, 4 œufs
4 cuillerées à soupe d'eau bouillante
150 g de sucre, 200 g de farine, sel
2 cuillerées à café de levure en poudre
125 g de chocolat râpé, ½ l de crème fouettée
1 cuillerée à café de café soluble

Principaux ustensiles de cuisine:
pinceau à beurre, moule à génoise d'un diamètre de 24 à 26 cm, fouet, petit tamis à farine, fil
de cuisine, morceaux de papier paraffiné,
poche à douille dentelée, four (180°C)

Incorporez une bonne cuillerée de blanc battu en neige au mélange à base de farine, mélangez le tout aux jaunes d'œufs additionnés d'eau et de sucre, et incorporez l'ensemble de ces ingrédients au reste des blancs d'œufs battus en neige. Emplissez le moule de cette préparation, qui doit être légère, bien aérée et ne peut plus présenter de traces de neige.

Enfournez le moule. Laissez cuire la pâte, qui peut être considérée comme étant cuite à point dès qu'elle se détache quelque peu du bord du moule, qu'elle est élastique au toucher et bien sèche à l'intérieur.

Démoulez le gâteau après l'avoir laissé refroidir 5 minutes; posez-le ensuite sur une grille à tarte, couvrez-le du moule renversé et laissez refroidir complètement pendant une dizaine de minutes. Entre-temps, fouettez la crème fraîche, additionnée du reste du sucre et du sucre vanillé jusqu'à obtention d'une masse ferme.

Couvrez la crème et mettez-la au réfrigérateur. Mettez-y également la poche à douille et la douille avant de vous en servir. Le gâteau étant bien refroidi, pratiquez sur tout le pourtour, à 2 cm de la base du gâteau, plusieurs entailles horizontales. Entourez le gâteau, à hauteur de ces entailles, de fil de cuisine, croisez les extrémités de ce fil et tirez-le prudemment à travers le gâteau, de manière à le couper en deux.

Repliez une ou deux fois un des côtés du papier, qui doit être un peu plus grand que le gâteau. Faites glisser le côté replié du papier précautionneusement entre les deux moitiés du gâteau et placez le papier avec la moitié supérieure du gâteau à côté de la moitié inférieure. Répétez cette opération une fois encore, de manière à diviser la moitié supérieure du gâteau en deux couches plus minces. Versez goutte à goutte un peu de rhum ou de liqueur sur le gâteau. Réservez environ un tiers de la crème fouettée. Répartissez le reste de la crème sur les deux couches inférieures du gâteau et badigeonnez également le dessus et la face verticale du gâteau d'une mince couche de crème fouettée.

Mettez le reste de la crème dans la poche à douille et décorez le dessus et le côté du gâteau d'une série de rosettes. Complétez cette garniture en disposant à distances régulières une série de grains de chocolat ou utilisez du chocolat râpé pour parfaire la décoration du gâteau recouvert de crème fouettée.

Gâteau au chocolat
Le chocolat râpé utilisé dans cette recette peut être remplacé par des granulés de chocolat ou par un glaçage au chocolat.

Préparation:

Badigeonnez le moule d'une mince couche de beurre. Cassez les œufs et séparez les blancs des jaunes. Versez les jaunes dans un grand bol et battez-les avec l'eau chaude et 100 grammes de sucre jusqu'à obtention d'une crème légère et mousseuse. Passez la farine, le sel et la levure en poudre au tamis. Tout en remuant, ajoutez-y le chocolat râpé et passez le café et le cacao au tamis, que vous aurez posé sur une terrine ou un bol. Battez les blancs d'œufs en neige suffisamment ferme pour que vous puissiez la couper en tranches. Glissez la lèchefrite au four, juste sous la mi-hauteur, et préchauffez le four.

151

L'apfelstrudel est un des gâteaux qui a fait la renommée de la pâtisserie viennoise. Utilisez de préférence des pommes qui ne se défont pas; le gâteau n'en sera que meilleur.

Apfelstrudel

Préparation: 50 à 60 minutes
Temps de repos: 30 minutes
Cuisson au four: 30 à 35 minutes

Ingrédients:

250 g de farine, sel
1 œuf
125 g de beurre
3 grosses pommes légèrement acides
75 g de raisins secs
4 cuillerées à soupe de rhum
100 g de grosses noix mondées et hachées
le zeste râpé de 1 citron
100 g de sucre en poudre

Principaux ustensiles de cuisine:

petit tamis à farine, vide-pomme, passoire, rouleau à pâtisserie, linge sec, pinceau à beurre, four (200°C)

Préparation:

Tamisez la farine au-dessus d'une terrine. Réservez-en 3 cuillerées à soupe pour enfariner la planche à pâtisserie.

Ajoutez le sel et l'œuf, ramollissez le beurre et ajoutez une cuillerée à soupe de ce beurre et 6 cuillerées à soupe d'eau froide à la farine.

Mélangez le tout en remuant avec un couteau et préparez une pâte élastique en pétrissant les ingrédients rapidement. Si la farine absorbe beaucoup de liquide et que la pâte ne prend pas suffisamment de consistance, ajoutez-y encore 1 ou 2 cuillerées à soupe d'eau.

Couvrez la pâte et laissez-la reposer au réfrigérateur. Lavez, séchez et épluchez les pommes. Enlevez-en le cœur et les pépins. Coupez les pommes en tranches assez minces.

Frottez les raisins secs contre les mailles d'un tamis, afin de les débarrasser des petites queues. Ajoutez les raisins et le rhum aux pommes coupées en tranches. Ajoutez-y ensuite les noix hachées, le zeste du citron et 75 grammes de sucre en poudre. Saupoudrez la planche à pâtisserie d'une mince couche de farine. Abaissez la pâte jusqu'à obtention d'une couche rectangulaire mince de 25 à 30 cm de largeur.

Badigeonnez la plaque à pâtisserie d'une mince couche de beurre et répartissez ensuite la moitié du reste du beurre ramolli sur la pâte.

Saupoudrez un linge parfaitement lissé du reste de la farine et posez la pâte badigeonnée de beurre sur ce linge. Laissez reposer pendant 30 minutes. Préchauffez le four. Répartissez le mélange de fruits et de noix sur la partie centrale de la pâte, c'est-à-dire en laissant libre sur les quatre côtés une bande d'environ 4 à 5 cm. Partagez le reste du beurre sur les fruits et, à l'aide du linge étalé sous la pâte, enroulez celle-ci de manière à former un rouleau pas trop serré.

Disposez ce rouleau sur la plaque à pâtisserie, la jointure vers le bas. Rabattez les deux extrémités du rouleau pour qu'il soit bien fermé et laissez cuire au four jusqu'à ce que la pâte et la farce soient cuites à point et bien dorées. La cuisson terminée, saupoudrez le chausson du reste du sucre en poudre. Servez-le chaud comme dessert ou froid à l'heure du goûter.

Gâteau aux noisettes

Préparation: 40 à 45 minutes
Cuisson au four: 45 à 55 minutes

Ingrédients:

20 g de beurre, 300 g de noisettes écalées
3 œufs, 125 g de sucre cristallisé
150 g de farine, 1 sachet de sucre vanillé
3 cuillerées à café de levure en poudre
sel, 100 g de sucre en poudre
1 cuillerée à soupe de jus de citron

Principaux ustensiles de cuisine:

pinceau à beurre, moule à génoise d'un diamètre de 24 à 26 cm, tamis, moulin à amandes, fouet, four (180°C)

Préparation:

Beurrez le moule à génoise. Préchauffez le four à 280°C pour le grillage des noisettes. Disposez les noisettes sur la plaque à pâtisserie et glissez celle-ci à mi-hauteur dans le four. Grillez les noisettes en remuant de temps en temps la plaque jusqu'à ce que les petites peaux se détachent. Eteignez le four et laissez-le refroidir. Débarrassez les noisettes de leur peau en les frottant contre les mailles d'un tamis et laissez-les refroidir. Cassez les œufs et séparez les blancs des jaunes. Battez les jaunes en y incorporant 125 grammes de sucre jusqu'à ce qu'ils deviennent mousseux et de couleur plus claire.
Réservez une demi-tasse de noisettes pour décorer le gâteau et passez le reste des noisettes au moulin. Passez la farine, la levure en poudre et le sucre vanillé au tamis que vous aurez placé sur une terrine. Battez le blanc des œufs, additionné d'un peu de sel, en neige très ferme. Préchauffez le four. Glissez la grille au milieu du four. Mettez la farine et les noisettes moulues sur le mélange aux œufs, et, après y avoir incorporé une bonne cuillerée à soupe du blanc d'œuf en neige, mélangez soigneusement tous les ingrédients jusqu'à ce que la farine soit parfaitement intégrée. Ajoutez ensuite ce mélange au reste du blanc d'œuf en remuant jusqu'à obtention d'une masse légère et bien aérée. Mettez la pâte dans le moule. Enfournez le moule. Contrôlez après 45 à 50 minutes si la pâtisserie est cuite à point et bien sèche à l'intérieur. Entre-temps, tamisez le sucre en poudre et ajoutez-y, en remuant bien, le jus de citron que vous verserez goutte à goutte jusqu'à obtention d'un glaçage brillant et épais. Démoulez le gâteau après l'avoir laissé refroidir pendant 5 minutes. Enduisez le dessus du gâteau du glaçage en vous servant d'un couteau, dont vous trempez chaque fois la lame dans de l'eau chaude, et décorez-le des noisettes que vous aviez réservées.

Gâteau aux noisettes
Un gâteau très savoureux, préparé à partir d'une pâte légère dans laquelle on incorpore des noisettes moulues.

Gâteau marbré

Préparation: 10 à 15 minutes
Cuisson au four:
1 heure à 1 heure 15

Principaux ustensiles de cuisine:

pinceau à beurre, moule à cake ou cercle à flan d'une contenance de 1 ½ litre, fouet, petit tamis à farine, four (150°C)

Ingrédients:

180 g de beurre, 30 g de cacao
40 g d'amandes effilées grillées
150 g de cassonade blonde
2 sachets de sucre vanillé, 3 œufs
120 g de farine, 25 g de fécule de maïs
sel, 2 cuillerées à soupe de lait
2 ½ cuillerées à café de levure en poudre

Préparation:

Prenez environ 30 grammes de beurre et badigeonnez-en le moule. Répandez les amandes effilées à l'intérieur du moule en pressant légèrement pour les faire adhérer au beurre. Travaillez le reste du beurre en y incorporant la cassonade et 1 sachet de sucre vanillé de façon à obtenir

Gâteau marbré

Comme elle est préparée avec du beurre ramolli et de la cassonade, cette pâtisserie du type cake demande moins de temps, tant pour la préparation que pour la cuisson, que le cake anglais authentique.

une pâte très lisse. Glissez la grille au milieu du four et préchauffez le four. Cassez les œufs et versez les blancs et les jaunes sur le mélange de beurre et de sucre. Tamisez la farine, la fécule de maïs et le sel au-dessus du mélange beurre-sucre et fouettez vivement ces ingrédients jusqu'à obtention d'une pâte homogène. Préparez une liaison en mélangeant le cacao, le lait et un peu d'eau. Incorporez la levure en poudre à la pâte. Mettez une partie de la pâte dans le moule et une autre partie dans une terrine, en y ajoutant le liant au cacao. Continuer d'emplir le moule en y mettant alternativement une couche de pâte claire et une de pâte foncée. Enfournez le moule et laissez cuire la pâtisserie jusqu'à ce qu'elle soit bien à point et dorée. Procédez pour le reste comme indiqué en p. 149.

Flan aux lardons cuits

Préparation: 15 à 20 minutes
Levage: 1 heure
Cuisson au four: 30 à 35 minutes

Ingrédients:

350 g de farine fine à température de la pièce
20 g de levure, 1 à 1 ½ dl de lait tiède
2 œufs à température de la pièce
150 g de lardons cuits émiettés (voir p. 51)
60 g de saindoux ou de beurre mou
sel, 10 g de beurre

Principaux ustensiles de cuisine:

mixeur-pétrisseur, pinceau à beurre, moule ou cercle à flan ou moule à génoise d'un diamètre de 26 à 28 cm, four (230 °C)

Préparation:

Rincez une grande terrine à l'eau bouillante, séchez la terrine et mettez-y la farine. Creusez une cuvette au centre et versez-y la levure que vous aurez additionnée préalablement de 2 cuillerées à soupe de lait afin d'obtenir une bouillie assez épaisse. Ajoutez les œufs et 100 grammes de lardons à la levure. Répartissez le saindoux, coupé en petits morceaux, sur la farine et parsemez de sel le long de la paroi de la terrine.

Mélangez tous les ingrédients, en partant du centre, jusqu'à ce que vous obteniez une pâte homogène et élastique. Si la pâte est devenue trop ferme, ajoutez encore un peu de lait. Pétrissez la pâte jusqu'à ce qu'elle présente des bulles et qu'elle n'adhère plus à la terrine. Couvrez la terrine et mettez-la dans un endroit où la température est modérée, et laissez lever pendant 45 minutes. Reprenez ensuite le pétrissage à la main pendant quelques instants.

Beurrez le moule, couvrez-en tout le fond de la pâte que vous laissez lever encore une quinzaine de minutes. Les 8 premières minutes passées, glissez la grille au four, à mi-hauteur, et préchauffez le four. Répandez le reste des lardons sur la pâte contenue dans le moule, en les pressant légèrement, et enfournez le moule. Servez le flan dès qu'il est cuit à point ou laissez-le refroidir avant de le découper.

Flan aux lardons cuits

Un flan que vous pouvez servir aussi bien au déjeuner que pour accompagner l'apéritif.

Quelques phases de la préparation: De gauche à droite et de haut en bas: Ajoutez la levure liquéfiée, une partie des lardons et 2 œufs à la farine. Mettez la pâte dans le moule en la pressant contre le fond et la paroi du moule, et répandez le reste des lardons sur la pâte.

Cake au jambon et au fromage

Préparation: 25 à 30 minutes
Cuisson au four:
55 à 65 minutes

Ingrédients:
125 g de jambon cru en tranches de ⅓ cm
125 g de jambonneau en tranches de ⅓ cm
250 g de gouda
3 œufs, 65 g de beurre mou, 250 g de farine
poivre du moulin, sel
noix de muscade râpée
une pincée de clous de girofle en poudre
1 cuillerée à soupe de moutarde
2 cuillerées à café de levure en poudre
1 à 1 ½ dl de crème fraîche

Préparation:
Coupez le jambon cru, le jambonneau et le fromage en dés de ⅓ cm de côté. Battez les œufs, ajoutez-y 50 grammes de beurre additionné de poivre, de noix de muscade, de clous de girofle et de moutarde. Beurrez un moule à cake de 1 ½ à 2 l avec le reste du beurre. Glissez la grille au four, à mi-hauteur, et préchauffez le four (190°C). Battez le mélange d'œufs et de beurre jusqu'à obtention d'une masse lisse et mousseuse. En les tamisant, versez la farine, la levure en poudre et le sel sur ces ingrédients, et mélangez le tout en y incorporant les dés de jambon et de fromage. Ajoutez-y autant de crème qu'il faut pour obtenir une pâte épaisse et consistante. Goûtez la pâte et rendez-la très épicée en y ajoutant suffisamment de poivre, de noix de muscade, de clous de girofle, de moutarde et de sel. Emplissez le moule, mettez-le au four et laissez cuire la pâte jusqu'à ce qu'elle soit bien dorée et tout à fait à point. Contrôlez après 50 à 55 minutes si le cake se détache de la paroi du moule, s'il est souple et élastique au toucher, et si la pâte est bien sèche à l'intérieur. Dans ce cas, éteignez le four, mais laissez-y le moule pendant 5 minutes encore. Retirez-le ensuite du four et posez-le 2 minutes sur un linge rincé à l'eau froide. Entre-temps, détachez le cake des parois du moule. Posez la grille à tarte sur le moule et renversez simultanément le moule et la grille. Démoulez le cake. Laissez refroidir pendant 10 minutes et couvrez ensuite le cake à l'aide du moule jusqu'à ce que la préparation soit entièrement refroidie.

Cake au jambon et au fromage
Servez cette préparation au jambon et au fromage soit au déjeuner, soit à l'heure de l'apéritif. Coupez le cake en tranches assez épaisses.

Tarte aux légumes

Préparation: 25 à 30 minutes
Cuisson au four: 20 à 25 minutes

Ingrédients:
20 g de beurre, 225 g de farine, sel
1 cuillerée à soupe de levure en poudre
8 cuillerées à soupe d'huile de maïs
150 g de bouquets de chou-fleur
150 g de carottes coupées en rondelles fines
1 oignon moyen émincé
1 cube de bouillon, 4 œufs durs écalés
5 cuillerées à soupe de mayonnaise
moutarde, poivre du moulin
2 ou 3 cuillerées à soupe de persil haché

Principaux ustensiles de cuisine:
pinceau à beurre, moule à génoise d'un diamètre de 24 à 26 cm, papier paraffiné, haricots rouges, tamis, four (250°C)

Préparation:
Badigeonnez le moule de la moitié du beurre. Glissez la grille au milieu du four et préchauffez-le. Tamisez la farine, le sel et la levure en poudre au-dessus d'une terrine. Versez l'huile dans une tasse, ajoutez-y 4 cuillerées à soupe d'eau froide, mais évitez de remuer. Versez ce liquide en une fois sur la farine. Mélangez vivement tous les ingrédients jusqu'à obtention d'un mélange bien lié qui n'adhère pas aux parois de la terrine. Pétrissez rapidement ce mélange à la main. Quand la pâte est bien consistante, mettez-la dans le moule en la pressant tout contre le fond et les parois du moule. Badigeonnez le papier paraffiné du reste du beurre, posez-le dans le moule, le côté beurré tourné vers le bas, et versez les haricots rouges sur le papier. Enfournez le moule. Après environ 15 minutes de cuisson, lorsque la pâte est cuite à point et bien colorée, enlevez le papier paraffiné et les haricots rouges. Laissez refroidir la tarte. Entre-temps, faites cuire les bouquets de chou-fleur, les rondelles de carotte et l'oignon dans très peu d'eau additionnée d'un cube de bouillon. Laissez égoutter les légumes dans le tamis. Coupez les œufs en petits morceaux et ajoutez-les aux légumes, en y mélangeant la mayonnaise, la moutarde, le persil, du poivre et du sel, et disposez ce mélange sur la croûte refroidie.

Petits quatre-quarts
Une friandise entre un biscuit et un petit gâteau.

Petits quatre-quarts

Préparation: 15 à 20 minutes
Cuisson au four: 20 à 25 minutes

Ingrédients:
150 g de beurre
125 g de cassonade blonde
2 œufs, 125 g de farine
1 cuillerée à soupe d'eau-de-vie
1 ½ cuillerée à café de levure en poudre
sel
16 petits fruits confits émincés

Principaux ustensiles de cuisine:
pinceau à beurre, 12 petits moules (voir photo), petit tamis à farine, four (190°C)

Préparation:
Prélevez 25 g de beurre et badigeonnez-en les 12 petits moules. Travaillez le reste du beurre pour le ramollir et le rendre plus ou moins mousseux. Ajoutez-y le sucre et les œufs. Fouettez vivement ce mélange jusqu'à ce qu'il soit très léger et de couleur plus claire. Préchauffez le four. Incorporez l'eau-de-vie au mélange et ajoutez-y, en les passant au tamis, la farine, la levure en poudre et le sel. En vous servant d'une spatule, mélangez rapidement tous ces ingrédients en y incorporant les petits fruits confits émincés jusqu'à obtention d'une masse légère et bien aérée. Emplissez les moules aux ⅔, posez-les sur la plaque à pâtisserie et glissez celle-ci au four, légèrement au-dessus de la mi-hauteur. Contrôlez après 18 à 20 minutes si la pâte est cuite à point et suffisamment colorée. Laissez refroidir les petits gâteaux 1 minute avant de les démouler. Disposez-les ensuite sur une grille à tarte jusqu'à refroidissement complet.

Gâteaux glacés

Préparation: 35 à 40 minutes
Cuisson au four:
40 à 45 minutes

Ingrédients:
40 g de beurre ramolli
6 blancs d'œufs, 75 g de beurre
une pincée de sel, 300 g de sucre
50 g d'amandes effilées grillées
150 g de farine, 50 g de poudre à flan
1 sachet de sucre vanillé
200 g de sucre en poudre
1 flacon d'essence de citron ou de marasquin
100 g de petits fruits confits

Principaux ustensiles de cuisine:
pinceau à beurre, 12 petits moules à sablés de 1 à 1 ½ dl, fouet, four (190°C)

Préparation:
Beurrez les petits moules jusqu'au bord. Réservez 2 cuillerées à soupe de blancs d'œufs. Fouettez le reste des blancs d'œufs, additionnés d'une pincée de sel, et ajoutez-y le sucre, cuillerée par cuillerée, en fouettant sans cesse. Continuez de fouetter jusqu'à obtention d'une neige très ferme. Faites chauffer le beurre, en évitant toutefois de le faire fondre complètement. Préchauffez le four. Versez les amandes effilées sur le blanc monté en neige et ajoutez-y, en les tamisant, la farine, la poudre à flan et le sucre vanillé. Versez le beurre dessus et mélangez tous les ingrédients à l'aide d'une spatule jusqu'à obtention d'une pâte légère et bien aérée. Dès que la farine et le blanc battu en neige sont parfaitement intégrés, répartissez la pâte uniformément dans les 12 petits moules en les emplissant aux ¾. Disposez-les sur la plaque à pâtisserie. Glissez celle-ci au four, un peu au-dessus de la mi-hauteur, et faites cuire à point. Démoulez les petits gâteaux et laissez-les refroidir. Entre-temps, vous aurez mélangé le sucre en poudre et l'essence de citron ou le marasquin en y ajoutant petit à petit le blanc d'œuf que vous aviez réservé. Emincez les petits fruits confits. Badigeonnez les petits gâteaux de la glace que vous venez de préparer et décorez-les des petits fruits confits.

Gâteaux glacés
Un délice pour ceux qui apprécient la pâtisserie légère.

Chaussons aux pommes

Préparation: 45 à 55 minutes
Cuisson au four: 25 à 30 minutes

Ingrédients:

300 g de farine, 200 g de beurre
sel, 150 g de cassonade blonde
1 sachet de sucre vanillé, 1 œuf
400 g de pommes légèrement acides
le zeste mince de ½ citron
80 à 100 g de sucre
une pincée de cannelle en poudre
30 g de petits fruits confits
farine pour la planche à pâtisserie
beurre pour la plaque à four
2 ou 3 cuillerées à soupe de lait

Principaux ustensiles de cuisine:

tamis, pinceau à beurre, emporte-pièce de 6 à
7 cm de diamètre, four (190°C)

Préparation:

Mettez la farine et le sel dans une terrine.
Ajoutez-y le beurre coupé en petits morceaux.
Incorporez-y, à l'aide d'un couteau, le sucre et le
sucre vanillé. Battez l'œuf additionné d'une cuillerée à soupe d'eau. Ajoutez 3 cuillerées à soupe
de l'œuf battu à la farine, couvrez le reste de
l'œuf et réservez-le. Mélangez le contenu de la
terrine en remuant avec un couteau jusqu'à ce
que vous obteniez une masse plus ou moins
consistante. Pétrissez-la vivement et formez une
boule de la pâte. Mettez la pâte au réfrigérateur
dans une petite terrine que vous aurez soin de
recouvrir d'un linge propre.
Lavez soigneusement les pommes, enlevez les
queues et les mouches, et coupez les pommes en
morceaux. Faites cuire ceux-ci dans très peu
d'eau à laquelle vous aurez ajouté le zeste du
citron. Quand les pommes sont cuites à point,
retirez le zeste du citron de la casserole, jetez
l'eau de cuisson et passez les pommes au tamis,
pour les réduire en compote. Sucrez légèrement
cette compote, incorporez-y ensuite la cannelle
en poudre et les petits fruits confits. Laissez
refroidir la compote. Farinez la planche à pâtisserie, partagez la pâte en deux portions égales et
abaissez une de ces portions sur une épaisseur de
⅓ cm. A l'aide de l'emporte-pièce, découpez
autant de petits ronds que possible dans la pâte.
Beurrez la plaque à pâtisserie et disposez-y les
petits ronds de pâte. Réservez 3 cuillerées à

Chaussons
Ces petits gâteaux de pâte sablée peu-
vent être fourrés de compote de pom-
mes, de gingembre émincé ou de pâte
d'amandes.

soupe de compote et répartissez le reste sur les ronds. Pétrissez la pâte restée sur la planche après la découpe des ronds et formez-en une petite boule que vous mettrez au réfrigérateur. Etalez la seconde portion de pâte et découpez-y également des petits ronds; mettez le reste de la pâte au réfrigérateur en le joignant à la petite boule qui s'y trouve déjà. A l'aide d'un petit pinceau trempé chaque fois dans un peu de lait, humectez ensuite les pourtours des ronds de pâte disposés sur la plaque. Posez sur chaque rond un second rond découpé dans l'autre moitié de la pâte en pressant fermement les bords des deux ronds l'un contre l'autre. Préchauffez le four. Farinez la planche à pâtisserie une fois de plus, étalez-y les restes de pâte sur une épaisseur de

⅓ cm et découpez une nouvelle série de ronds. Badigeonnez-les très légèrement de l'œuf battu réservé. Glissez la plaque à pâtisserie au milieu du four et laissez cuire jusqu'à ce que la pâte soit à point et bien colorée. Laissez refroidir les petits gâteaux d'abord sur la plaque à pâtisserie et ensuite sur une grille à tarte.

Chaussons au sirop

Vous pouvez varier la recette comme suit: émincez 200 g de gingembre confit au sirop. Incorporez-y une pincée de cannelle en poudre et un peu de noix de muscade râpée. Ajoutez-y autant de sirop de gingembre qu'il faut pour donner à la masse une consistance assez épaisse.

Chaussons aux amandes

Traitez 150 g d'amandes écalées comme indiqué à la p. 144. Ajoutez-y en remuant 125 g de sucre cristallisé, 1 petit œuf et 1 cuillerée à soupe de zeste de citron râpé. Passez ce mélange au moulin à amandes et pétrissez-le ensuite pendant quelques minutes encore à l'aide d'une cuillère en bois. Garnissez les ronds de cette pâte d'amandes. Fendez les amandes non moulues dans le sens de la longueur. Décorez chaque rond fourré d'une demi-amande et badigeonnez amandes et rondelles d'œuf battu avant de mettre les ronds de pâte au four.

Chaussons

Quelques phases de la préparation: De gauche à droite et de haut en bas: Découpez avec l'emporte-pièce une série de ronds dans la pâte et garnissez la moitié de ces ronds de compote de pommes, de gingembre émincé ou de pâte d'amandes. A l'aide d'un petit pinceau, badigeonnez de lait les bords de ces rondelles. Posez une seconde rondelle sur les premières et badigeonnez le dessus d'œuf battu.

Biscuits au beurre

Il n'est pas absolument nécessaire d'employer du beurre pour la préparation de ces biscuits; une margarine de bonne qualité fera tout aussi bien l'affaire.

Biscuits au beurre

Préparation: 20 à 25 minutes
Cuisson au four: 12 à 18 minutes

Ingrédients:

180 g de farine, sel
90 g de sucre en poudre
ou de cassonade blonde
moelle de ½ gousse de vanille
ou 1 ½ cuillerée à café de zeste de citron râpé
150 g de beurre, 1 jaune d'œuf
quelques morceaux de sucre
beurre pour la plaque à four
farine pour la planche à pâtisserie

Préparation:

Versez la farine, le sel, le sucre en poudre et la moelle d'une demi-gousse de vanille dans une terrine. Coupez le beurre en très petits morceaux à l'aide de deux couteaux. Mélangez bien tous ces ingrédients et pétrissez-les à la main jusqu'à obtention d'une pâte homogène et élastique. Couvrez la pâte et mettez-la au réfrigérateur, de préférence dans une terrine.

Ajoutez 1 ½ cuillerée à soupe d'eau au jaune d'œuf et battez-le. Enveloppez les morceaux de sucre d'un linge propre et cassez le sucre en petits morceaux à l'aide d'un marteau en vous gardant toutefois de le réduire en poudre ou même en grains.

Beurrez la plaque à pâtisserie et préchauffez le four (190 °C). Farinez la planche à pâtisserie sans exagération et étalez la pâte au rouleau sur une épaisseur uniforme de 1 cm. A l'aide de plusieurs emporte-pièce de formes différentes, découpez des petits biscuits dans la pâte et disposez-les sur la plaque à pâtisserie.

Rassemblez les restes de la pâte, formez-en une boule, étalez celle-ci au rouleau et découpez de nouveau un certain nombre de biscuits en vous servant des emporte-pièce. Badigeonnez les biscuits d'une mince couche de jaune d'œuf et saupoudrez chaque biscuit du sucre concassé au marteau. Glissez la plaque dans le four, à mi-hauteur, et faites cuire la pâte jusqu'à ce qu'elle soit tout à fait à point et bien colorée. Laissez refroidir les biscuits à plat et conservez-les dans une boîte en fer blanc hermétique.

Spéculoos

Les spéculoos se conserveront si vous les mettez dans une boîte en fer blanc hermétique.

Spéculoos

Préparation: 20 à 30 minutes
Cuisson au four: 15 à 20 minutes

Ingrédients:

200 g de farine, 150 g de beurre
sel, ½ cuillerée à café de levure en poudre
100 g de cassonade brune
1 cuillerée à soupe d'épices spéciales
pour spéculoos
1 ou 2 cuillerées à soupe de lait
beurre pour la plaque à four
fécule de pomme de terre

Principaux ustensiles de cuisine:

planche à pâtisserie, pinceau à beurre, spatule à crêpes, four (190 °C)

Préparation:

Mettez la farine, le sel, la levure en poudre, la cassonade et les épices spéciales dans une terrine. Ajoutez-y le beurre en le coupant en tout petits morceaux à l'aide de deux couteaux. Incorporez-y une cuillerée à soupe de lait et mélangez tous ces ingrédients, en vous servant d'un couteau, jusqu'à obtention d'une pâte assez

consistante; si la pâte manque quelque peu d'homogénéité, ajoutez-y encore une petite quantité de lait. Pétrissez ce mélange à la main. Préchauffez le four et beurrez la plaque à pâtisserie. Saupoudrez la planche à spéculoos de fécule de pomme de terre. Débarrassez les petites figures découpées dans la planche de tout excès de fécule. Emplissez les petites figures de pâte, en pressant légèrement.

Eliminez la pâte excédentaire en passant la lame d'un couteau contre le dessus de la planche à spéculoos. Retournez la planche et faites-en tomber les petites figures de pâte en tapotant doucement la planche. Disposez les figures sur la plaque à pâtisserie à quelque distance l'une de l'autre. Traitez l'ensemble de la pâte de cette manière et glissez la plaque au milieu du four. Laissez colorer et cuire à point. Laissez refroidir les biscuits pendant quelques minutes et enlevez-les de la plaque à pâtisserie. Mettez-les sur un support plat jusqu'à ce qu'ils soient complètement froids et bien fermes. N'éteignez pas le four si vous avez encore un reste de pâte à cuire. Laissez simplement refroidir quelque peu la plaque à pâtisserie avant de la remettre au four pour cuire le reste des biscuits.

Couques fantaisie

Préparation: 45 à 60 minutes
Temps de repos: 15 jours au moins
Cuisson au four: 25 à 35 minutes

Ingrédients:

150 g de mélasse, 250 g de miel
10 g d'anis moulu, 2 ½ dl d'eau bouillante
500 g de farine de seigle, 250 g de farine
sel, 5 cuillerées à café de levure en poudre
15 à 20 g d'épices pour spéculoos
1 à 2 dl de babeurre
beurre pour la plaque à four
50 g de sucre en poudre
amandes, petites dragées et autres sucreries
de couleurs différentes

Principaux ustensiles de cuisine:

petit tamis à farine, pinceau à beurre, spatule à crêpes, four (230°C)

Préparation:

Préparez la pâte au moins 15 jours avant de procéder à la cuisson des couques. Mettez la mélasse, le miel et l'anis dans une petite casserole à fond épais ou dans une poêle à frire. Portez le contenu de la casserole lentement à ébullition à feu doux; ajoutez-y l'eau et faites reprendre l'ébullition. Tamisez la farine, la farine de seigle et 1 ½ cuillerée à soupe de sel au-dessus d'une grande terrine et incorporez-y le liquide bouillant en remuant. Mélangez bien tous les ingrédients jusqu'à ce que vous obteniez une pâte souple et élastique. Couvrez la pâte et laissez-la reposer ainsi 1 ou 2 jours. Incorporez-y ensuite, en pétrissant soigneusement, la levure en poudre avec les épices et, si nécessaire, le babeurre ou une partie du babeurre. Pétrissez l'ensemble de ces ingrédients jusqu'à obtention d'une pâte élastique et de couleur uniforme. Couvrez la pâte et laissez-la reposer au frais, mais non au réfrigérateur, pendant 15 jours au moins.

Prélevez alors des portions de pâte et formez-en des petites figures, par exemple des poupées, des couronnes, ou encore des petits cœurs ou des ronds. Beurrez la plaque à pâtisserie et préchauffez le four. Disposez les figures en pâte à l'aide d'un couteau à crêpes sur la plaque à pâtisserie, en laissant une certaine distance entre les figures. Glissez la plaque au milieu du four et laissez cuire la pâte à point.

Enlevez les couques de la plaque et laissez-les refroidir. Préparez un glaçage épais en mélangeant le sucre en poudre à quelques gouttes d'eau et utilisez ce glaçage pour coller toutes sortes de décorations (amandes, pastilles de couleurs différentes) sur les couques.

Couques fantaisie

Cette vieille recette n'est guère difficile; l'important est de laisser reposer la pâte pendant deux semaines au moins avant de procéder à la cuisson, pour que les couques aient leur goût spécifique.

Gâteau au curaçao

Préparation: 10 à 15 minutes
Cuisson au four: 30 à 40 minutes

Ingrédients:
500 g de farine
2 cuillerées à café de levure en poudre
sel
375 g de cassonade blonde
10 g de noix de muscade râpée
150 g de beurre
2 œufs
2 cuillerées à soupe de curaçao
ou d'eau avec essence d'orange
75 g de zestes d'orange émincés

Principaux ustensiles de cuisine:
tamis, pinceau à beurre, four (190°C)

Préparation:
Tamisez la farine, la levure en poudre, le sel et la cassonade au-dessus d'une terrine. Ajoutez-y la noix de muscade. Beurrez la plaque à pâtisserie. Ajoutez à la farine le reste du beurre, coupé en petits morceaux à l'aide de deux couteaux, les œufs et le curaçao. Selon la qualité de la farine, ajoutez éventuellement encore 1 ou 2 cuillerées à soupe d'eau. Préchauffez le four. Incorporez les zestes d'orange émincés au mélange et pétrissez soigneusement jusqu'à obtention d'une pâte assez ferme. Etalez la pâte sur la plaque à pâtisserie, en une couche pas trop mince et de forme ovale. Glissez la plaque à mi-hauteur dans le four et laissez cuire la pâte jusqu'à ce qu'elle soit bien sèche et dorée. Laissez refroidir le gâteau et découpez-le en morceaux de la grandeur d'une boîte d'allumettes.

Beignets aux pommes

Préparation: 20 à 25 minutes

Ingrédients:
6 pommes sûres
2 cuillerées à café de cannelle en poudre
4 cuillerées à soupe de cassonade
125 g de farine
sel, sucre en poudre
1 ½ dl de bière

Principaux ustensiles de cuisine:
vide-pomme, huile de friture (175°C), fouet, écumoire, passoire, papier absorbant, petit tamis

Préparation:
Enlevez le cœur et les pépins des pommes à l'aide du vide-pomme. Epluchez les pommes. Mélangez la cannelle et la cassonade, coupez les pommes transversalement en tranches de ½ cm d'épaisseur et passez ces tranches des deux côtés dans le mélange cannelle-sucre. Faites chauffer l'huile de friture. Mettez la farine et le sel dans une terrine, et préparez la pâte à frire en y incorporant la bière et en battant fermement jusqu'à ce que la pâte soit bien lisse. Trempez les tranches de pomme une à une dans cette pâte en laissant couler l'excès de pâte dans la terrine et plongez quelques tranches de pomme à la fois dans la friture. Retirez les beignets de la friteuse dès que la pâte est dorée des deux côtés. Posez une feuille de papier absorbant au fond de la passoire et laissez égoutter les beignets. Dressez-les ensuite sur un plat préchauffé et saupoudré de sucre en poudre. Saupoudrez également les beignets de sucre en poudre avant de les servir.

Beignets aux pommes
Un régal pour toute la famille.

Boules de Berlin

Préparation: 25 à 30 minutes
Temps de levage: 1 heure

Ingrédients:
60 g de beurre, 1 cuillerée à soupe d'huile
25 g de sucre, 1 œuf, 2 jaunes d'œufs
20 g de levure, sel
4 cuillerées à soupe de lait tiède
200 g de farine à température de la pièce
farine pour la plaque à pâtisserie
200 à 250 g de confiture d'abricots
ou de fraises, sucre en poudre

Préparation:
Travaillez le beurre avec l'huile dans une grande terrine afin de le ramollir et de le rendre mousseux. Incorporez-y le sucre et remuez jusqu'à dissolution complète du sucre. Cassez l'œuf, séparez le jaune du blanc et réservez le blanc à couvert. Incorporez les jaunes d'œufs au beurre additionné du sucre et fouettez ce mélange jusqu'à ce qu'il soit devenu mousseux et de couleur plus claire. Mélangez, en remuant, la levure fraîche au lait tiède de façon à la rendre liquide. Tamisez la farine additionnée d'un peu de sel au-dessus du mélange de beurre, de sucre et des jaunes d'œufs. Creusez une petite cuvette au centre de la farine et versez-y la levure. Mélangez tous ces ingrédients en partant du centre et pétrissez à la main jusqu'à obtention d'une pâte homogène. Continuez de pétrir jusqu'à ce que la pâte présente des petites bulles et qu'elle n'adhère plus aux doigts ou à la terrine. Quand la pâte est bien souple et élastique, saupoudrez la planche à pâtisserie d'une mince couche de farine. Posez la pâte sur la planche, saupoudrez-la d'un soupçon de farine et façon-nez, à la main, un rouleau d'épaisseur uniforme. Coupez ce rouleau, à l'aide d'un couteau passé dans de la farine, en 20 morceaux de grandeur égale.

Saupoudrez la plaque à pâtisserie d'une fine couche de farine. Roulez les morceaux de pâte un à un entre les mains et formez-en de belles boulettes. Rincez un linge propre à l'eau chaude, exprimez-en soigneusement l'eau et posez ce linge sur les petites boules de pâte que vous laissez lever pendant ¾ d'heure. Mettez la plaque à pâtisserie dans un endroit où la température est modérée. Battez le blanc d'œuf que vous aviez réservé en y ajoutant 1 cuillerée à soupe d'eau froide, mais ne le montez surtout pas en neige. Utilisez des ciseaux de cuisine pour couper la membrane du blanc d'œuf. Prenez la moitié des boulettes et creusez, en pressant légèrement avec le pouce, une petite cuvette au bas de chaque boulette. Emplissez cette cuvette de 1 ou 2 cuillerées à café de confiture. Badigeonnez le bord de la pâte autour de la confiture du blanc d'œuf et pressez le bas d'une boulette non fourrée fermement contre le bord badigeonné de blanc d'œuf d'une boulette fourrée.

Couvrez les boulettes fourrées d'un linge humide et laissez-les lever ainsi pendant 15 minutes encore dans un endroit ni trop frais ni trop chaud. Entre-temps, faites chauffer l'huile de friture (170°C). Ne mettez pas trop de boules à la fois dans la friteuse; faites cuire un côté pendant 3 à 4 minutes et ensuite l'autre côté jusqu'à coloration. Retirez les boules de Berlin de la friteuse à l'aide de l'écumoire, laissez couler l'excès d'huile ou de graisse dans la friteuse et mettez les boules sur du papier paraffiné dont vous aurez tapissé la passoire. Saupoudrez les boules de sucre en poudre.

Merveilles

Préparation: 15 à 20 minutes
Temps de repos: 30 à 60 minutes

Ingrédients pour 4 personnes:
60 g de farine, une bonne pincée de sel
une bonne pincée de levure en poudre
1 œuf, 1 dl de lait
sucre en poudre, cannelle en poudre

Principaux ustensiles de cuisine:
panier à friture, fer en forme d'étoile, de papillon ou de fleur, huile de friture (190°C), passoire garnie de papier absorbant

Préparation:
Mettez la farine, la levure en poudre et le sel dans une petite terrine. Battez l'œuf en y ajoutant le lait. Incorporez ce mélange à la farine et remuez jusqu'à obtention d'une pâte lisse que vous laisserez reposer 30 minutes.
Faites chauffer la friteuse jusqu'à ce qu'elle dégage une légère fumée blanchâtre. Versez la pâte dans un petit plat dont les dimensions

permettent d'y plonger le panier à friture. Chauffez le panier à friture dans la friteuse, laissez s'écouler l'excès de graisse ou d'huile, plongez complètement le panier à friture dans la pâte et ensuite de nouveau dans la friteuse. La pâte sera cuite à point en l'espace de quelques minutes. Repêchez immédiatement les merveilles qui seraient tombées dans la friteuse. Laissez-les égoutter sur une serviette ou une feuille de papier absorbant. Servez les merveilles chaudes ou froides et saupoudrez-les de sucre en poudre et d'un peu de cannelle.

Boules de Berlin
Une pâtisserie délicieuse que l'on cuit à la friteuse.

Gaufres à la vanille
Présentez les gaufres chaudes ou froides, saupoudrées de sucre en poudre ou de crème fouettée légèrement sucrée.

Gaufres à la vanille

Préparation: 35 à 40 minutes

Ingrédients:
250 g de beurre
200 g de sucre cristallisé
2 sachets de sucre vanillé
ou ½ cuillerée à café d'essence de vanille
sel
4 œufs
175 g de farine
125 g de fécule de maïs
1 cuillerée à café de levure en poudre
un petit bout de couenne de lard
ou 2 ou 3 cuillerées à soupe d'huile
sucre en poudre

Principaux ustensiles de cuisine:
fouet, petit tamis, gaufrier

Préparation:
Malaxez le beurre dans une grande terrine pour le ramollir et le rendre mousseux, ajoutez-y petit à petit le sucre, le sucre vanillé et le sel, et remuez jusqu'à dissolution complète du sucre. Cassez les œufs un à un dans un petit bol et incorporez chaque œuf séparément au beurre additionné de sucre. Battez énergiquement et n'ajoutez l'œuf suivant que lorsque le précédent est parfaitement intégré au beurre. Tamisez la farine avec la fécule de maïs et la levure en poudre au-dessus de la terrine. Chauffez le gaufrier.

Mélangez le contenu de la terrine à l'aide d'une grande cuillère métallique rincée à l'eau froide. Graissez les deux volets du gaufrier soit avec l'huile soit avec la couenne de lard.

Versez de la pâte sur la partie inférieure du gaufrier, fermez le gaufrier, en pressant fermement sur la moitié supérieure pendant environ 4 secondes et laissez bien dorer. Enlevez chaque fois les fragments de pâte avant de verser à nouveau de la pâte dans le gaufrier.

Variez la recette en décorant la moitié des gaufres d'une couche de confiture ou de chocolat à tartiner et disposez 4 ou 5 gaufres l'une sur l'autre.

La conservation

Betteraves au vinaigre
Faciles à réaliser, ces conserves appétissantes peuvent également être préparées avec des betteraves précuites. Rangées à l'abri de la chaleur et de la lumière, elles se conservent de 6 à 8 semaines.

Betteraves au vinaigre

Préparation: 40 à 50 minutes
Cuisson: 2 heures ou davantage

Ingrédients:
*1 ½ kg de petites betteraves rouges
sel, 12 grains de poivre
8 petites feuilles de laurier
12 clous de girofle
une bonne pincée de carvi
le jus de 1 citron
150 g de sucre
2 bouteilles de vinaigre
raifort râpé*

Principaux ustensiles de cuisine:
écumoire, passoire, râpe de cuisine, bocaux en verre ou en grès soigneusement lavés, papier cellophane, fil de cuisine ou élastiques, étiquettes

Préparation:
Lavez soigneusement les betteraves, mais veillez à ne pas endommager la pelure. Ne coupez surtout ni la tête ni la queue des betteraves, sinon elles rendraient trop de jus en cours de cuisson. Mettez-les sur le feu dans une casserole contenant de l'eau froide, celle-ci devant monter jusqu'à 3 doigts environ au-dessus des légumes. Ajoutez 1 cuillerée à soupe de sel par litre d'eau. Laissez-les cuire à point en 2 heures ou davantage, le temps de cuisson dépendant de la qualité et de la grosseur des betteraves. Quand elles sont à point, retirez quelques betteraves de la casserole et arrosez-les immédiatement d'eau froide, afin de pouvoir les débarrasser facilement de leur peau. Mettez les betteraves épluchées dans la passoire et répétez cette opération avec le reste des légumes. Coupez-les en tranches ou, si vous le préférez, en petits dés. Rincez les bocaux soigneusement à l'eau bouillante et renversez-les sur un linge propre. Dans une terrine, mettez ensuite les feuilles de laurier, les clous de girofle, les grains de poivre, le carvi et le jus d'un citron, et incorporez-y le sucre. Portez le vinaigre à la limite de l'ébullition. Emplissez les bocaux alternativement d'une couche de betteraves et d'une couche de condiments, jusqu'à deux doigts environ du bord. Ajoutez alors le vinaigre. Quand le vinaigre est refroidi, ajoutez 1 cuillerée à café de raifort dans chaque récipient, recouvrez les bocaux d'une feuille de papier cellophane, ficelez-les ou fermez-les hermétiquement à l'aide d'un élastique spécial.

Concombres au vinaigre

Préparation: 40 à 50 minutes
Temps de repos: 12 à 24 heures

Ingrédients:
6 concombres de taille moyenne
sel
1 bouteille de vinaigre
150 g de sucre
25 g de piment en grains
25 g de graines de moutarde
2 ou 3 petits poivrons
2 ou 3 petites feuilles de laurier
une bonne pincée de basilic
une bonne pincée de gingembre en poudre
raifort râpé

Principaux ustensiles de cuisine:
couteau économe, passoire, bocaux en verre ou
en grès, papier cellophane, fil de cuisine ou
élastiques, étiquettes

Préparation:
Lavez et séchez les concombres, épluchez-les et
coupez-les en deux dans le sens de la longueur.
Eliminez les graines à l'aide d'une petite cuillère.
Découpez-les ensuite en morceaux de la longueur et de l'épaisseur d'un doigt. Saupoudrez
les concombres d'une pincée de sel. Mettez les
concombres dans une passoire posée sur une
terrine ou une casserole. Recouvrez la passoire
d'une assiette et mettez-la 12 heures ou davantage au frais, mais non au réfrigérateur.
Laissez les concombres dans la passoire et arrosez-les abondamment d'eau froide. Laissez-les
égoutter et séchez-les à l'aide d'un linge propre
ou de papier absorbant.
Portez 2 ½ dl d'eau à ébullition, ajoutez-y le
vinaigre et le sucre, et laissez cuire ce mélange à
découvert et à feu doux pendant 5 minutes.
Rincez les bocaux avec de l'eau que vous aurez
fait bouillir et laissez-les égoutter sur un linge
propre. Emplissez-les jusqu'à 2 doigts du bord
de morceaux de concombre en y dispersant
quelques grains de piment, des graines de moutarde, des poivrons et des feuilles de laurier.
Incorporez le basilic et le gingembre en poudre
au vinaigre en remuant bien et versez ce liquide
sur les concombres.
Laissez refroidir le vinaigre et mélangez un peu
de raifort à la couche de vinaigre qui recouvre les
concombres.
Fermez hermétiquement les bocaux à l'aide du
papier cellophane, du fil ou des élastiques et
collez une étiquette mentionnant la date de
préparation et indiquant le contenu.

Concombres au vinaigre
*Si vous les rangez dans un endroit sec
et frais, vous pouvez conserver les
concombres au vinaigre environ 4 à
5 semaines.*

171

Confitures

Préparation: 15 à 30 minutes

Ingrédients:
1 kg de fruits frais (voir ci-contre)
1 kg de sucre
le jus de 1 citron

Préparation:
Lavez les fruits, laissez-les égoutter, débarrassez-les des queues, pépins ou noyaux. Ecrasez les fruits autant que possible à la fourchette ou passez-les au mixeur. Mettez les fruits ainsi réduits en compote sur le feu dans une grande casserole ou une bassine basse à fond épais, ajoutez-y le sucre et portez le contenu de la casserole à ébullition en remuant sans cesse. Maintenez l'ébullition à feu vif pendant exactement 4 minutes et ajoutez, selon votre goût, du jus de citron à la confiture, en remuant toujours. Versez la confiture dans des pots ou des bocaux lavés avec de l'eau très chaude et rincés avec de l'eau chaude juste avant de les remplir. Remplissez les pots à ras bords et fermez-les à l'aide de papier cellophane et d'un élastique. Posez une soucoupe sur les pots, renversez pot et soucoupe simultanément, et laissez refroidir dans cette position.

Confiture de groseilles à maquereau

Préparation: 25 à 30 minutes

Ingrédients:
1 kg de groseilles à maquereau à moitié mûres
une petite branche de fleurs de sureau
1 kg de sucre

Préparation:
Débarrassez les fruits des queues et des mouches, lavez-les soigneusement d'abord à l'eau tiède, ensuite à l'eau froide. Lavez également la branche de fleurs de sureau, humectez le linge et enveloppez-en la branche de sureau. Mettez les groseilles à maquereau sur le feu avec 2 dl d'eau bouillante et le petit bouquet de fleurs de sureau.

Laissez cuire les fruits jusqu'à ce qu'ils soient tout à fait tendres, retirez le bouquet de fleurs de la casserole à l'aide de l'écumoire et exprimez-en tout le liquide en tenant l'écumoire au-dessus de la casserole. Pressez fortement.

Retirez la casserole du feu, ajoutez le sucre et remuez jusqu'à dissolution complète.

Faites reprendre l'ébullition pendant environ 5 minutes. Remplissez ensuite les bocaux comme expliqué ci-dessus.

Marmelade d'oranges

Préparation: 35 à 45 minutes

Ingrédients:
4 oranges, 1 pamplemousse
1 citron, 1 kg de sucre
½ flacon de gélificateur liquide

Préparation:
Lavez bien les fruits en les frottant légèrement et séchez-les. Enlevez l'écorce en veillant à ce que le zeste soit aussi mince que possible et en débarrassant l'intérieur du zeste ainsi que les fruits de la peau blanche. En vous servant d'un petit couteau bien aiguisé, coupez les zestes en lanières étroites. Coupez les fruits transversalement en tranches, débarrassez-les de leurs

pépins et des membranes épaisses. Mettez les tranches d'orange avec les zestes émincés et le sucre dans une grande bassine ou une casserole basse à fond épais. Remuez jusqu'à ébullition du contenu de la casserole et laissez-le ensuite mijoter, en remuant sans cesse, pendant une dizaine de minutes. Incorporez-y le gélificateur liquide, faites reprendre l'ébullition et versez la marmelade dans des petits bocaux lavés à l'eau très chaude et rincés ensuite à l'eau chaude.

Pickles de fruits

Préparation: 50 à 60 minutes
Réfrigération: 2 à 4 heures

Principaux ustensiles de cuisine:
couteau économe, écumoire, bocaux soigneusement lavés, tamis ou passoire, papier cellophane, fil de cuisine ou élastiques, étiquettes

Ingrédients:
½ l de vinaigre de vin
450 g de sucre
3 clous de girofle
1 bâton de cannelle de 5 à 6 cm
500 g de petites poires à chair ferme
1 orange, 200 g de raisins blancs
500 g de reines-claudes, 500 g de prunes
50 g de petites cerises confites
2 ou 3 cuillerées à soupe de moutarde
en poudre

Pickles de fruits
Un régal qui accompagnera avantageusement toutes sortes de viandes servies traditionnellement avec un repas chaud.

Préparation:
Portez ½ litre d'eau à ébullition. Ajoutez-y le vinaigre, le sucre, les clous de girofle, le bâton de cannelle et laissez cuire à feu doux et à découvert pendant 5 minutes. Entre-temps, épluchez les poires. Ne les coupez en morceaux que si elles sont très grandes. Laissez-les mijoter à couvert avec le vinaigre et le sucre pendant 8 à 10 minutes. Brossez ou frottez bien les oranges avec un peu d'eau, séchez-les et coupez-les en tranches de 1 cm d'épaisseur. Mettez les oranges dans la casserole contenant les poires.
Lavez et séchez les prunes et les reines-claudes. Mettez-les dans la même casserole et laissez-les cuire 2 à 3 minutes avec le reste du contenu.
Entre-temps, lavez les raisins à l'eau chaude, séchez-les sur un linge propre ou du papier absorbant. Laissez cuire les grains de raisin ainsi que les petites cerises 1 à 2 minutes encore, toujours dans la même casserole. Renversez les bocaux, rincés soigneusement à l'eau bouillante, sur un linge propre. A l'aide de l'écumoire, retirez les fruits un à un de la casserole, en commençant par les fruits qui ont cuit le plus longtemps, et laissez-les égoutter dans un tamis ou une passoire posée sur une terrine.
Versez le sirop recueilli dans la terrine à nouveau dans la casserole et, sans couvrir la casserole, laissez mijoter le liquide environ 1 heure. Laissez refroidir le sirop. Mélangez ensuite la moutarde en poudre à quelques cuillerées de sirop et incorporez ce mélange au sirop, en remuant bien. Remplissez les bocaux du mélange de fruits, jusqu'à 2 doigts sous le bord. Versez le sirop sur les fruits. Fermez les bocaux avec du papier cellophane.
La durée de conservation maximale, au frais et à l'abri de la lumière, est de 6 mois.

Pickles aux prunes

Préparation: 1 heure 50
Temps de repos: 24 heures

2 petits bâtons de cannelle de 4 à 5 cm
18 clous de girofle

Principaux ustensiles de cuisine:
passoire, écumoire, pots ou bocaux soigneusement lavés, papier cellophane, fil de cuisine ou élastiques, étiquettes

Ingrédients:
1 ½ kg de prunes ou de quetsches
2 bouteilles de vinaigre de vin

Préparation:

Lavez les fruits plusieurs fois, d'abord à l'eau tiède, ensuite à l'eau froide, et laissez-les égoutter dans la passoire. Versez le vinaigre dans une casserole, ajoutez-y le sucre, la cannelle et les clous de girofle, et laissez cuire le mélange à feu doux et à découvert pendant une demi-heure. Séchez les prunes délicatement et laissez-les mijoter 20 minutes dans le liquide, après les avoir piquées légèrement avec une fourchette.

A l'aide de l'écumoire, retirez les prunes de la casserole et laissez mijoter le liquide à découvert jusqu'à ce qu'il ait la consistance d'un sirop. Retirez la cannelle et les clous de girofle de la casserole et remettez-y les prunes. Couvrez la casserole et mettez-la au frais. Vingt-quatre heures plus tard, voyez si le sirop n'est pas devenu trop peu consistant à cause du jus rendu par les prunes. Si c'est le cas, retirez les prunes de la casserole et chauffez le sirop afin de le réduire. Cette opération peut être répétée encore une fois afin que le sirop devienne suffisamment épais. Versez alors les prunes dans les bocaux, préalablement rincés à l'eau chaude, jusqu'à 2 doigts du bord, puis versez le sirop dessus jusqu'à ras bords.

Fermez les bocaux avec du papier cellophane, du fil de cuisine ou un élastique.

Pickles aux prunes et prunes au rhum

Ces fruits, qu'on sert tout spécialement avec un plat de gibier ou de viande rouge, peuvent être conservés assez longtemps, au moins pendant 6 mois, à condition de les mettre au frais et à l'abri de la lumière.

Prunes au rhum

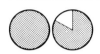

Préparation: 1 heure 50
Temps de repos: 24 heures

Ingrédients: *1 ½ kg de prunes*
¼ l de rhum
l de vinaigre de vin
400 g de sucre
1 bâton de cannelle de 3 à 4 cm
8 clous de girofle

Principaux ustensiles de cuisine:
bâtonnet à cocktail, écumoire, bocaux soigneusement lavés, étiquettes

Préparation:

Lavez les prunes, d'abord à l'eau tiède, ensuite à l'eau froide. Séchez-les avec du papier absorbant ou un linge propre. A l'aide du bâtonnet à cocktail, percez quelques petits trous dans les fruits. Mettez le rhum, le vinaigre, le sucre, la cannelle et les clous de girofle dans une casserole, et laissez cuire 15 minutes à feu doux et à découvert. Ensuite, laissez refroidir complètement. Mettez les prunes dans les bocaux préalablement rincés à l'eau chaude et versez le sirop froid jusqu'à ras bords.

Laissez reposer 24 heures. Versez le sirop de nouveau dans la casserole, laissez-le mijoter à découvert 15 à 20 minutes, puis refroidir complètement.

Versez le sirop froid une fois de plus sur les prunes, répétez éventuellement cette opération si vous constatez que le jus rendu par les prunes rend le sirop trop clair. Remplissez les bocaux comme expliqué ci-dessus.

Fermez les bocaux hermétiquement et munissez-les d'étiquettes portant la date et le nom de la préparation.

Fruits à l'eau-de-vie
Les fruits mentionnés ci-contre peuvent être servis soit à l'eau-de-vie, soit sans eau-de-vie pour accompagner des pâtisseries, de la glace, du pudding, etc. A condition de les mettre au frais et à l'abri de la lumière, ils se conservent pendant 6 à 8 semaines.

Fruits à l'eau-de-vie

Préparation: 20 à 50 minutes
Temps de repos: 2 heures

Ingrédients:

1 kg de fruits, par exemple framboises, abricots, cerises, mûres, figues, dattes, raisins secs ou noix pelées
250 g de sucre en poudre
1 l d'eau-de-vie au citron ou d'une liqueur s'accommodant aux fruits utilisés

Principaux ustensiles de cuisine:

passoire, bocaux soigneusement lavés à l'eau bouillante

Préparation:

Lavez les fruits soigneusement dans une passoire, d'abord à l'eau tiède, ensuite à l'eau froide, en prenant soin de ne pas les blesser. Débarrassez-les des queues, mouches, pépins et noyaux, et épluchez-les éventuellement.

Saupoudrez les fruits de sucre et laissez-les reposer 2 heures à couvert.

Rincez les bocaux à l'eau bouillante et laissez-les égoutter sur un linge propre jusqu'au moment de l'emploi.

Remplissez les bocaux jusqu'à 2 doigts du bord d'une des sortes de fruits susmentionnés. Ajoutez-y l'eau-de-vie. Fermez le bocal et rangez-le à l'abri de la lumière.

Vous pouvez remplacer l'eau-de-vie par une liqueur adaptée aux fruits utilisés.

Exemples: marasquin pour des framboises; curaçao pour des abricots; xérès, marasquin ou rhum pour des cerises; liqueur de groseilles à maquereau pour des mûres; moitié eau-de-vie et moitié cognac pour des figues, dattes et raisins secs; cognac additionné de 250 g de sucre par litre de cognac pour des noix.

Punch

Evitez de préparer cette boisson estivale rafraîchissante trop longtemps avant de la servir, sinon elle risque de devenir plus ou moins trouble. Servez le punch aussi frais que possible mais pas glacé.

Punch

Préparation: 35 à 45 minutes
Temps de repos: 1 heure

Ingrédients pour 12 à 16 personnes:
1 kg de fruits frais
ou 800 g de fruits en conserve
100 à 400 g de sucre
2 bouteilles de vin du Rhin ou de la Moselle
1 dl de limonade d'orange
ou 4 cuillerées à soupe de marasquin
1 bouteille de champagne ou de vin mousseux

Principal ustensile de cuisine:
tamis ou passoire

Préparation:
Lavez les fruits frais très soigneusement, d'abord à l'eau tiède, ensuite à l'eau chaude. Laissez égoutter les fruits et séchez-les avec du papier absorbant ou un linge propre. Débarrassez-les des queues, mouches, pépins ou noyaux éventuels et coupez les fruits qui sont plus grands qu'une cerise ou une fraise en petits dés. Mettez les fruits dans une terrine.
Si vous utilisez des fruits en conserve, laissez-les égoutter dans un tamis ou une passoire et coupez les fruits d'une certaine grandeur (pêches, abri-

cots, ananas) en petits morceaux. Saupoudrez les fruits de sucre, selon votre goût et le type de fruits, et laissez reposer 1 heure à couvert, soit au réfrigérateur, soit dans un endroit très frais.
Mettez les fruits dans le plat à dessert, ajoutez-y la limonade et le vin, et mettez le plat au réfrigérateur.
Mettez le champagne dans un seau contenant des glaçons et versez-le, juste avant de servir le punch, dans le plat contenant les fruits et autres ingrédients.

Vin chaud
Versez 1 bouteille de vin rouge dans une terrine en porcelaine. Piquez 8 clous de girofle dans une orange soigneusement nettoyée et lavée, et mettez celle-ci également dans la terrine en y ajoutant un petit bâton de cannelle de 4 à 6 cm. Laissez macérer 3 heures sur un réchaud, mais évitez que le vin atteigne une température supérieure à 60 ou 70°C.
Ajoutez ensuite le sucre selon votre goût et laissez macérer 2 heures environ.
Retirez l'orange et la cannelle du vin, et servez le vin très chaud. Ajoutez éventuellement du rhum ou sucrez à volonté.

Lait safrané

Préparation: 1 heure

Ingrédients pour 6 à 8 personnes:
1 ½ l de lait
50 g de sucre
5 g de thé
une petite pincée de safran
6 clous de girofle
un petit bâton de cannelle de 3 à 4 cm
un petit morceau de macis
20 g de poudre à flan

Préparation:
Faites chauffer le lait et le sucre à feu très doux. Mettez les feuilles de thé, le safran, les clous de girofle, la cannelle et le macis dans l'étamine que vous transformerez en petite bourse.
Laissez macérer ces épices 40 à 50 minutes dans le lait.
Retirez-les ensuite de la casserole. Préparez un liant en mélangeant un peu d'eau à la poudre à flan. Liez le lait avec ce mélange.
Goûtez le lait safrané et servez-le chaud après l'avoir versé dans un pot ou un broc rincé à l'eau bouillante.

Raisins secs à l'eau-de-vie

Préparation: 20 à 30 minutes

Ingrédients:
500 g de raisins secs
le zeste mince de ¼ de citron
250 g de sucre
½ à ¾ l d'eau-de-vie

Préparation:
Débarrassez les raisins de leurs petites queues, lavez-les soigneusement d'abord à l'eau tiède en les frottant très doucement entre les mains et ensuite à l'eau froide. Laissez égoutter les raisins sur un linge propre et séchez-les.
Portez rapidement à ébullition 2 ½ dl d'eau, à laquelle vous aurez ajouté le zeste du citron et le sucre, versez les raisins dans l'eau et laissez-la frémir pendant 10 minutes.
Retirez les raisins de l'eau, versez-les jusqu'à 4 doigts sous le bord des bocaux, que vous aurez préalablement rincés à l'eau bouillante, et ajoutez de l'eau-de-vie jusqu'à ce qu'elle recouvre les raisins.
Fermez les bocaux et rangez-les au frais et à l'abri de la lumière. Attendez au moins 6 semaines avant de consommer.

Abricots à l'eau-de-vie

Préparation: 30 à 35 minutes
Trempage: 48 heures

Ingrédients:
250 g d'abricots secs
300 g de sucre
le zeste mince de 1 citron
1 bâton de cannelle de 2 à 4 cm
½ à ¾ de litre d'eau-de-vie

Préparation:
Lavez soigneusement les abricots, d'abord à l'eau tiède, ensuite à l'eau froide. Portez 4 dl d'eau à ébullition avec le sucre, le zeste du citron et la cannelle.
Laissez refroidir ce sirop.
Mettez-y tremper les abricots pour une durée de 48 heures.

Versez les abricots dans des bocaux jusqu'à 4 doigts du bord et couvrez-les ensuite d'une quantité suffisante d'eau-de-vie. Fermez les récipients et conservez-les dans un endroit frais, à l'abri de la lumière.
Les fruits conservés à l'eau-de-vie sont prêts à la consommation après 6 semaines environ.

Orgeat

Laissez macérer pendant 30 minutes et à feu doux 150 g d'amandes mondées et moulues avec le zeste de 1 citron dans 1 litre de lait. Ajoutez-y 150 g de miel ou de sucre et laissez refroidir le lait.

Versez le lait à travers un tamis tapissé d'une mousseline et exprimez tout le liquide du mélange aux amandes.

Ajoutez 1 cuillerée à café d'essence de fleur d'oranger ou d'eau de laurier-cerise ainsi que 2 ou 3 gouttes d'extrait d'amandes.

Servez cette boisson bien froide, éventuellement diluée à l'eau de Seltz.

Raisins secs à l'eau-de-vie

Réservée plus particulièrement aux messieurs, cette friandise était servie à l'occasion de fêtes familiales ou de célébrations plus ou moins solennelles.

Advocaat

Préparation: 30 à 40 minutes

Ingrédients pour 6 à 8 personnes:
6 jaunes d'œufs
100 g de sucre
1 gousse de vanille
3 dl d'eau-de-vie

Principaux ustensiles de cuisine:
fouet électrique, bouteille ou flacon compte-gouttes

Préparation:
Cassez les œufs, séparez les jaunes des blancs et mettez les jaunes dans un grand bol ou une terrine. Ajoutez-y le sucre. Fendez la gousse de vanille dans le sens de la longueur et laissez-la macérer dans 2 dl d'eau dans une casserole couverte pendant 10 minutes. Laissez refroidir le liquide. Posez la terrine dans une grande casserole, remplie aux trois-quarts d'eau que vous maintenez à la limite de l'ébullition. Continuez de battre les œufs mélangés au sucre.

Retirez la gousse de vanille de la casserole et ajoutez-y, dès que le sirop est plus ou moins refroidi, les 3 dl d'eau-de-vie. Versez le liquide dans un pot ou un broc à bec verseur, ou dans une bouteille compte-gouttes.

Ajoutez de temps en temps, en battant sans arrêt, quelques gouttes de ce liquide dans la terrine au bain-marie, contenant les œufs et le sucre.

Continuez de battre jusqu'à épuisement du liquide et jusqu'à ce que les œufs aient lié le liquide de manière à le transformer en une masse épaisse et lisse.

Laissez refroidir le mélange, en remuant de temps à autre, et conservez la boisson dans une bouteille parfaitement propre dans un endroit frais et sombre.

Advocaat
Une vieille coutume consistait à déguster le café, dit café hollandais, de la façon suivante: on versait du café frais et brûlant sur une petite couche d'advocaat.

Advocaat en neige

Préparation: 10 à 15 minutes

Ingrédients pour 4 personnes:
2 œufs
40 g de sucre
½ sachet de sucre vanillé
1 dl d'eau-de-vie ou de cognac
sel, cacao

Principal ustensile de cuisine:
fouet

Préparation:
Cassez les œufs. Séparez les blancs des jaunes. Incorporez le sucre et le sucre vanillé aux jaunes d'œufs et battez-les jusqu'à obtention d'une masse mousseuse et de couleur plus claire. Toujours en fouettant, ajoutez goutte à goutte l'eau-de-vie ou le cognac.

Battez les blancs d'œufs, additionnés de quelques grains de sel, en neige très ferme.

Réservez un tiers des blancs d'œufs en neige; mélangez les jaunes d'œufs au reste des blancs en neige, en vous servant d'une spatule. Versez cette préparation à l'eau-de-vie dans 4 coupes en verre. Décorez celles-ci avec les blancs d'œufs battus en neige que vous aviez réservés et un soupçon de cacao, et servez immédiatement.

Termes culinaires

Bain-marie
Faire cuire un mets dans une casserole, placée dans une seconde casserole, remplie d'eau frémissante (95 °C), pour éviter que la préparation ne brûle ou s'écaille.

Barder
Entourer de morceaux de viande tendres (poitrine), d'une lanière de lard frais ou de plusieurs lanières de lard fumé, pour que la viande ne se dessèche pas en rôtissant.

Blanchir
Mettre par exemple des abats ou des légumes dans de l'eau froide, les porter à ébullition, les égoutter et les rafraîchir sous le robinet d'eau froide.

Bouquet garni
Bouquet de fines herbes liées ou entourées de mousseline, composé de quelques branches de persil, une branche de thym ou une feuille de laurier et, éventuellement, des grains de poivre, du macis et des clous de girofle, qui sert à aromatiser potages, sauces et ragoûts.

Clarifier
Eclaircir du bouillon ou du beurre.

Consommé
Potage ou bouillon clair.

Court-bouillon
Bouillon composé de fines herbes et de légumes, de vin, de beurre, de vinaigre et parfois de citron, dans lequel on fait cuire poissons, crustacés, viandes ou légumes.

Dressing
Sauce épicée qu'on mélange à un mets ou à une salade.

Etuver
Faire cuire dans un récipient fermé, à la vapeur, un ingrédient ou un mets entièrement ou partiellement cuit, mais dont le goût n'est pas encore suffisamment prononcé.

Farce
Garniture d'ingrédients finement hachés servant à remplir gibier, volailles, viandes ou poissons.

Fines herbes
Mélange d'herbes potagères fraîches finement hachées.

Flamber
Allumer de l'alcool fort dont on a arrosé un mets pour que l'alcool s'évapore et donne un goût plus raffiné au mets.

Fond
Jus de cuisson réduit de viandes, poissons, volailles ou légumes servant à la préparation de sauces et de ragoûts.

Garniture
Accompagnements disposés sur le plat de service et entourant l'ingrédient principal.

Glacer
Faire briller un mets en le recouvrant d'une couche de beurre, de gelée ou de sirop de sucre.

Gratiner
Donner une croûte brune à un mets en le recouvrant d'une sauce au fromage, de fromage ou de chapelure, en arrosant cette surface de beurre fondu et en mettant le plat dans un four chaud.

Griller
Rôtir des viandes tendres, gibier, volailles, poissons et légumes, qui sont cuits à point et bien dorés à la chaleur rayonnante du gril.

Lever des filets
Otez les arêtes d'un poisson.

Mariner
Laissez reposer viandes, poissons ou légumes dans un liquide épicé (marinade).

Mitonner
Faire longuement cuire à feu doux dans de l'eau ou du bouillon un ingrédient ou un mets qui doit cuire longtemps.

Mijoter
Cuire ou bouillir très doucement et plus ou moins à point un ingrédient ou un mets dans un liquide chaud (75 °C).

Pocher
Faire cuire lentement poissons, légumes, œufs ou abats dans du jus de cuisson, maintenu presque à ébullition (95 °C).

Revenir
Cuire un ingrédient à feu doux et à découvert dans du beurre ou une autre matière grasse, sans que cet ingrédient prenne trop de couleur.

Roux
Mélange de quantités égales de beurre et de farine pour lier potages et sauces.

Sauter
Faire cuire vivement un ingrédient dans peu de graisse en agitant constamment, pour qu'il reste clair.

Poids et mesures

Pesez aussi minutieusement que possible tous les ingrédients d'une recette. Il existe divers instruments de mesure pour vous aider dans cette tâche, mais de simples ustensiles de cuisine peuvent également vous servir. Voici une table de référence des principaux poids et mesures.

	1 cuillerée à café rase	1 cuillerée à soupe rase en grammes	1 tasse rase
Beurre ou margarine	-	10	-
Cacao	1 ½	5	75
Café moulu	-	3	-
Cassonade	2	8	125
Cassonade blanche	2	7	105
Chapelure	-	6	90
Noix de coco en poudre	-	4	60
Confiture	-	20	-
Corinthes	-	10	120
Eau	-	17	150
Farine	-	6	80
Fécule de maïs	2	6	75
Fécule de pommes de terre	2	7	100
Flocons d'avoine	-	5	55
Gélatine (1 feuille)	2	-	-
Gélatine (en poudre)	1	4	-
Huile	-	12	-
Lait	-	15	145
Levure chimique	2	-	-
Raisins secs	-	10	120
Riz cru	-	15	120
Riz cuit	-	12	100
Sel	3	11	-
Semoule	-	9	110
Sirop	-	28	-
Sucre cristallisé	1 ½	10	115
Sucre impalpable	-	7	100

Température de four

Voici un tableau vous donnant les principales positions calorifiques pour un four électrique et un four à gaz à thermostat:

Four électrique	Four à gaz	
En degré Celsius	Thermostat à 8 pos.	
140°	1	Très tiède
160°	2	Tiède
180°	3	Tiède à chaud
200°	4	Modéré
220°	5	Chaud
240°	6	Très chaud
260°	7	Vif
280°	8	Très vif

Dans la plupart des cas, le four doit être préchauffé pendant au moins 10 minutes avant d'être employé. Si, lors de l'exécution d'une recette, vous remarquez que le temps de cuisson au four doit être plus long que celui indiqué, notez cette différence et appliquez-la pour les autres recettes du même ouvrage. Il est évident que les temps de cuisson ne peuvent jamais être donnés avec une précision rigoureuse, car ils dépendent de bon nombre de facteurs extérieurs, tels que la quantité d'aliments cuits en même temps, les matériaux des récipients de cuisson, la température ambiante, etc.
Vérifiez la cuisson d'un aliment 5 à 10 minutes avant la fin présumée de cette cuisson. Ouvrez et fermez délicatement le four pour éviter de trop fortes différences de température qui pourraient compromettre la réussite de la préparation.

Index